Angelo Chiuchiù - Fausto Minciarelli - Marcello Silvestrini
Piero Calmanti - Francesco Di Natale - Oretta Guidi - Fiorella Liverani

l'italiano al laboratorio linguistico

Edizioni GUERRA - Perugia

PREMESSA

Il lavoro presente è stato pensato, realizzato e sperimentato nell'ambito del progetto-metodo "IN ITALIANO. Corso multimediale di lingua e civiltà a livello elementare ed avanzato - Edizioni Guerra - PG, di Angelo Chiuchiù, Fausto Minciarelli e Marcello Silvestrini" come uno degli aspetti precipui di *multimedialità* del corso.

Nondimeno per lo sviluppo graduato e progressivo dei materiali linguistici proposti – grammatica/lessico –, per la varietà e per l'ampia tipologia degli stimoli, può essere usato proficuamente anche in modo autonomo.

In un insegnamento funzionale il ruolo del laboratorio acquista importanza man mano che si procede nell'apprendimento (D'Addio Colosimo), specie quando l'insegnante, con interventi calibrati e tempestivi, integra il lavoro svolto con la classe e completa il progetto glottodidattico, attivando tutte le opportune strategie per il fissaggio delle strutture, per l'induzione degli 'habitus' linguistici, per disancorare l'allievo dai condizionamenti della situazione-modello e condurlo verso situazioni dinamiche e creative.

Nel "modello olodinamico" messo a punto da R. Titone, il comportamento linguistico prevede un ordinamento su più livelli – tattico, strategico, egodinamico –. Gli Autori, in accordo con questa dottrina, hanno programmato batterie di esercizi che, ordinati gerarchicamente, si basano sul corretto uso delle pratiche automatizzanti legate all'attività di decodifica, scelta e 'feedback' cognitivo e capaci di condurre l'allievo ad un impiego consapevole e finalizzato del mezzo linguistico (G. Freddi).

Ognuno dei 28 *Percorsi Didattici* – non già 'Capitoli' o 'Unità Didattiche' proprio perché intesi come successione coerente di precise tappe verso l'acquisizione di abilità comunicative – prevede una sezione del tutto nuova: *Funzioni e Atti Linguistici*. E' la parte che segue il richiamo costante all'approccio nozionale-funzionale secondo l'opzione glottodidattica del Consiglio d'Europa nel 'Livello Soglia'.

Infatti, nel rispetto e nell'identificazione dei reali bisogni comunicativi del discente – salutare, specificare, interpellare, dare e chiedere informazioni varie, rispondere, negare, precisare, esprimere accordo o disaccordo, esprimere sorpresa e stupore, esprimere desiderio e rammarico, emozione e rinuncia, paura e preferenza, valutazione e incertezza, rabbia e tenerezza, delusione e indifferenza, ecc., – si introducono gli opportuni referenti linguistici sempre significativi e realistici.

La finalità primaria dei materiali selezionati – circa 2.400 frasi – è, in ultima analisi, quella di rendere incisiva e produttiva la dimensione multimediale di un moderno corso di lingua e, al contempo, operare il trasferimento delle strutture – sempre attendibili sul piano grammaticale e semantico – verso categorie di 'automatismi psichici', secondo le sequenze neo-behavioristiche (B.F. Skinner):

> – stimolo
> – risposta dell'allievo
> – conferma

– ripetizione dell'allievo
– rafforzamento

E' l'impegno per fornire un'altra pietra d'angolo alla realizzazione di quel progetto che vuole lo studente, finalmente, artefice di autoapprendimento e capace di autocorrezione.

3

NOTE PER IL CORRETTO USO DEI MATERIALI PROPOSTI

Una volta presentato, nel rispetto delle tecniche rituali, il brano introduttivo, verificato lo spessore della comprensione attraverso le consuete pratiche del "vero/falso, risposta multipla, questionario", è il momento di attivare, nel progetto glottodidattico multimediale, il programma al laboratorio. Le attitudini uditive ed orali vengono privilegiate perché, attraverso operazioni di condizionamento psicologico, l'*ascoltare* consenta la comprensione di un messaggio e il *parlare* dia la misura di una accettabile competenza comunicativa.

Questo per chiarire che il tratteggiato che compare dopo ogni stimolo non è già devoluto ad una risposta scritta, che attarderebbe le procedure al laboratorio, sempre serrate ed incalzanti, bensì è spazio per una risposta successiva, quando il manuale – quasi quaderno-studente – permette una riflessione più pacata ed una revisione più razionale ed analitica degli schemi organizzativi che presiedono al funzionamento della lingua italiana.

Il momento del fissaggio delle strutture, dell'induzione delle abitudini linguistiche, che si articola in modo specifico nella iterazione dei messaggi-tipo, serve a indurre competenze orali: ascoltare, capire, parlare. Sarebbe, pertanto, errata e didatticamente impropria, la pratica di consigliare lo studente a fornire risposta scritta a stimoli che, proprio perché già impostati da un modello, finirebbero per demotivare ed annoiare.

L'obiettivo, invece, di questo preciso stadio del processo di apprendimento, è quello di condurre lo studente all'acquisizione di una molteplice competenza: a) reagire con prontezza e proprietà agli stimoli; b) produrre egli stesso domande funzionali e motivate; c) interiorizzare modelli di lingua autentica; c) percepire, a livello razionale, convenienti schemi intonativi.

I materiali, debitamente registrati da professionisti, consentono di presentare un modello fonico e fonetico alternativo alla voce dell'insegnante e, al contempo, la doppia pista permette di interagire agevolmente per un lavoro individuale.

Ma si può, altresì, lavorare a coppia. Si può lavorare a gruppi. Uno, due o più studenti possono sostituirsi allo speaker o all'insegnante nel leggere gli stimoli. Altri rispondono, volta per volta, attivando una prassi di utilizzazione sempre motivante e coinvolgente.

Con l'apporto di un registratore portatile o di un semplice 'walkman' si può operare nella libertà della propria casa, nei fugaci o duraturi momenti disponibili della propria giornata. Oltre che, naturalmente, al laboratorio linguistico o in classe oralmente e coralmente.

GLI AUTORI

PRIMO PERCORSO OPERATIVO

> - Verbo **essere** (indicativo presente)
> - Nomi e aggettivi in **-a**
> - Nomi e aggettivi in **-o**
> - Articoli indeterminativi: **un, una, dei, delle**
> - Funzioni e atti linguistici:
>   **specificare, identificare**

Esercizio n. 1

> *Stimolo:* - Chi è Maria? *(italiana)*
> *Risposta:* - È **una** ragazza italiana**.**

1. Chi è Maria? *(italiana)* - È una ragazza italiana.
2. Chi è Sonia? *(russa)* - È una ragazza russa.
3. Chi è Sofia? *(greca)* - È una ragazza greca.
4. Chi è Dolores? *(spagnola)* - È una ragazza spagnola.
5. Chi è Sabine? *(svizzera)* - È una ragazza svizzera.
6. Chi è Mary? *(americana)* - È una ragazza americana

Esercizio n. 2

> *Stimolo:* - Chi è Francesco? *(italiano)*
> *Risposta:* - È **un** ragazzo italia**no**.

1. Chi è Francesco? *(italiano)* - È un ragazzo italiano.
2. Chi è Tom? *(americano)* - È un ragazzo americano.
3. Chi è Sergio? *(russo)* - È un ragazzo russo.
4. Chi è Ramon? *(spagnolo)* - È un ragazzo spagnolo.
5. Chi è John? *(americano)* - È un ragazzo americano.
6. Chi è Kabir? *(turco)* - È un ragazzo turco.

Esercizio n. 3

> *Stimolo:* - Chi sono Rita e Giovanna? *(italiane)*
> *Risposta:* - Sono **delle** ragazze italia**ne**.

1. Chi sono Rita e Giovanna? *(italiane)* - Sono delle ragazze italiane.
2. Chi sono Evelyn e Mary? *(americane)* - Sono delle ragazze americane.
3. Chi sono Carmen e Dolores? *(spagnole)* - Sono delle ragazze spagnole.
4. Chi sono Claudia e Karin? *(svizzere)* - Sono delle ragazze svizzere.
5. Chi sono Iris e Margherita? *(brasiliane)* - Sono delle ragazze brasiliane.
6. Chi sono Maria e Stefania? *(argentine)* - Sono delle ragazze argentine.

Esercizio n. 4

> *Stimolo:* - Chi sono Francesco e Mario? *(italiani)*
> *Risposta:* - Sono ragazz**i** italian**i**.

1. Chi sono Francesco e Mario? *(italiani)* - Sono ragazzi italiani
2. Chi sono Tom e John? *(americani)* - Sono ragazzi americani
3. Chi sono Armando e Ramon? *(argentini)* - Sono ragazzi argentini.

4. Chi sono Roberto e Paulo? *(brasiliani)* - *Sono ragazzi brasiliani*

5. Chi sono Manuel e Hugo? *(messicani)* - *Sono ragazzi messicani*

6. Chi sono Kaled e Aziz? *(arabi)* - *Sono ragazzi arabi.*

Esercizio n. 5

Stimolo: - Tu **sei** italiano?
Risposta: - Sì, **sono** italiano.

1. Tu sei italiano? - *Sì, sono italiano*

2. Tu sei straniero? - *Sì, sono straniero*

3. Tu sei americano? - *Sì, sono americano*

4. Tu sei australiano? - *Sì, sono australiano*

5. Tu sei argentina? - *Sì, sono argentina*

6. Tu sei svizzera? - *Sì, sono svizzera*

7. Tu sei coreana? - *Sì, sono coreana.*

8. Tu sei tedesca? - *Sì, sono tedesca*

Esercizio n. 6

Stimolo: - Lei **è** italiano?
Risposta: - Sì, **sono** italiano.

1. Lei è italiano? - *Sì, sono italiano*

2. Lei è svizzero? - *Sì, sono svizzero*

3. Lei è americano? - *Sì, sono americano*

4. Lei è straniero? - *Sì, sono straniero*

5. Lei è brasiliana? - *Sì, sono brasiliana*

6. Lei è greca? - *Sì, sono greca*

7. Lei è turca? - *Sì, sono turca.*

8. Lei è straniera? - *Sì, sono straniera.*

Esercizio n. 7

> *Stimolo:* - Voi **siete** italiani?
> *Risposta:* - Sì, noi **siamo** italiani.

1. Voi siete italiani? - ...Sì, noi siamo italiani
2. Voi siete argentini? - ...Sì, noi siamo argentini
3. Voi siete americani? - ...Sì, noi siamo americani
4. Voi siete stranieri? - ...Sì, noi siamo stranieri
5. Voi siete argentine? - ...Sì, noi siamo argentine
6. Voi siete americane? - ...Sì, noi siamo americane
7. Voi siete svizzere? - ...Sì, noi siamo svizzere
8. Voi siete straniere? - ...Sì, noi siamo straniere

Esercizio n. 8

> *Stimolo:* - Io - - italiano, - tedesco.
> *Risposta:* - Io **non sono** italiano, **ma** tedesco.

1. Io - - italiano, - tedesco. - ...Io non sono italiano ma tedesco
2. Io - - italiano, - argentino. - ...Io non sono italiano ma argentino
3. Io - - italiano, - americano. - ...Io non sono italiano ma americano
4. Io - - italiano, - greco. - ...Io non sono italiano ma greco
5. Tu - - italiana, - americana. - ...Io non sono italiana ma americana
6. Tu - - italiana, - svizzera. - ...Io non sono italiana, ma svizzera
7. Tu - - italiana, - australiana. - ...Io non sono italiana, ma australiana
8. Tu - - italiana, - brasiliana. - ...Io non sono italiana ma brasiliana

Funzioni e atti linguistici

Esercizio n. 9

> *Stimolo:* - Perché sei **in questa scuola?** *(per studiare l'italiano)*
> *Risposta:* - Sono **qui** per studiare l'italiano.

1. Perché sei in questa scuola? *(per studiare l'italiano)* -
 - *Sono qui per studiare l'italiano.*

2. Perché sei a questa lezione? *(per imparare la lingua)* -
 - *Sono qui per imparara la lingua.*

3. Perché sei in Italia? *(per lavoro)* -
 - *Sono qui per lavoro.*

4. Perché sei a Roma? *(per visitare la città)* -
 - *Sono qui per visitare la città.*

5. Perché sei a Firenze? *(per una vacanza)* -
 - *Sono qui per una vacanza.*

6. Perché sei all'Università? *(per studiare medicina)* -
 - *Sono qui per studiare Medicina.*

Esercizio n. 10

> *Stimolo:* - Io sono qui per studiare la lingua italiana. **E tu?**
> *Risposta:* **Anch'**io sono qui per questo.

1. Io sono qui per studiare la lingua italiana. E tu? -
 - *Anch'io sono qui per questo*

2. Io sono qui in vacanza. E voi? -
 - *Anche*

3. Io sono qui per lavoro. E lui? -
 -

4. Io sono qui per visitare la città. E loro? -

- ....

5. Io sono qui per imparare l'italiano. E lei? -

- ....

6. Io sono qui per studiare medicina. E lui? -

- ....

Esercizio n. 11

Stimolo: - **Di dove** è Paul? *(Boston)*
Risposta: - **È di** Boston.

1. Di dove è Paul? *(Boston)* - .....*È di Boston.*..
2. Di dove è Lei, signora? *(Roma)* - .....*La signora è di Roma.*...................
3. Di dove è Lei, signore? *(Milano)* - .....*Lui È di Milano.*..........................
4. Di dove è Marianne? *(Zurigo)* - .....*È di Zurigo.*.....................................
5. Di dove è Sandra? *(Firenze)* - .....*È di Firenze.*....................................
6. Di dove sei tu? *(Londra)* - .....*Io sono di Londra.*.................................

Esercizio n. 12

Stimolo: - **Come si chiama** il ragazzo americano? *(Paul)*
Risposta: - **Si chiama** Paul.

1. Come si chiama il ragazzo americano? *(Paul)* - .....*Si chiama Paul.*........
2. Come si chiama la ragazza svizzera? *(Marianne)* - .....*Si chiama Marianne*...
3. Come si chiama la signora italiana? *(Sandra)* - .....*Si chiama Sandra.*.....
4. Come si chiama la signora? *(Maria)* - .....*Si chiama Maria.*...................
5. Come si chiama il signore? *(Roberto)* - .....*Si chiama Roberto.*.............
6. Come si chiama il professore? *(Fausto)* - .....*Si chiama Fausto.*.............

SECONDO PERCORSO OPERATIVO

> - Verbo **avere** ce l'ho, ce l'abbiamo
>   (indicativo presente):
> - Nomi e aggettivi in **-e**
> - Articoli determinativi: **il, la, i, le**
> - **C'è, ci sono**
> - **Nel, nella, sul, sulla**
> - Funzioni e atti linguistici: **interpellare,
>   chiedere e dare qualche cosa; chiedere
>   e dare informazioni**

Esercizio n. 13

Stimolo: - **Hai** il passaporto?
Risposta: - Il passaporto? Sì, **ce l'ho.**

1. Hai il passaporto? - *Il passaporto? Si ce l'ho.*
2. Hai il libro? - *Il libro? Si ce l'ho.*
3. Hai il fidanzato? - *Il fidanzato? Si ce l'ho.*
4. Hai la tessera? - *La tessea? Si ce l'ho.*
5. Hai la macchina? - *La macchina? Si ce l'ho.*
6. Hai la penna? - *La Penna? Si ce l'ho.*

13

Esercizio n. 14

> *Stimolo:* - **Avete** una fotografia?
> *Risposta:* - Sì, una fotografia **ce l'abbiamo.**

1. Avete una fotografia? - *Sì, una fotografia ce l'abbiamo.*
2. Avete una penna? - *Sì, una penna ce l'abbiamo.*
3. Avete una matita? - *Sì, una matita ce l'abbiamo.*
4. Avete un documento? - *Sì, un documento ce l'abbiamo.*
5. Avete un fiammifero? - *Sì, un fiammifero ce l'abbiamo.*
6. Avete un foglio? - *Sì, un foglio ce l'abbiamo.*

Esercizio n. 15

> *Stimolo:* - Questo professor**e** non è italian**o**.
> *Risposta:* - Questi professor**i** non sono italian**i**.

1. Questo professore non è italiano. - *Questi professori non sono italiani.*
2. Questo ristorante non è aperto oggi. - *Questi ristoranti non sono aperti oggi.*
3. Questo giornale è vecchio. - *Questi giornali sono vecchi.*
4. Questo bicchiere è pieno. - *Questi bicchieri sono pieni.*
5. Questo fiore è raro. - *Questi fiori sono rari.*
6. Questo signore è straniero. - *Questi signori sono stranieri.*

Esercizio n. 16

> *Stimolo:* - Quest**a** stazion**e** è modern**a**.
> *Risposta:* - Quest**e** stazion**i** sono modern**e**.

1. Questa stazione è moderna. - *Queste stazioni sono moderne.*
2. Questa frase è corta. - *Queste frasi sono corte.*
3. Questa trasmissione è bella. - *Queste trasmissioni sono belle.*
4. Questa lezione è finita. - *Queste lezioni sono finite.*
5. Questa chiave è piccola. - *Queste chiavi sono piccole.*
6. Questa parete è grigia. - *Queste pareti sono grigie.*

Esercizio n. 17

> *Stimolo:* - Che cosa **c'è** sul banco? *(un libro)*
> *Risposta:* - **C'è** un libro.

1. Che cosa c'è sul banco? *(un libro)* - *C'è un libro.*
2. Che cosa c'è sul letto? *(un vestito)* - *C'è un vestito.*
3. Che cosa c'è sul tavolo? *(un foglio)* - *C'è un foglio.*
4. Che cosa c'è sul comodino? *(una penna)* - *C'è una penna.*
5. Che cosa c'è sulla sedia? *(una camicia)* - *C'è una camicia.*
6. Che cosa c'è sulla poltrona? *(una rivista)* - *C'è una rivista.*

Esercizio n. 18

> *Stimolo:* - Che cosa **c'è** sul banco? *(i libri di italiano)*
> *Risposta:* - **Ci sono** i libri di italiano.

1. Che cosa c'è sul banco? *(i libri di italiano)* - *Ci sono i libri di italiano.*
2. Che cosa c'è sul letto? *(i vestiti di Marta)* - *Ci sono i vestiti di Marta.*
3. Che cosa c'è sul tavolo? *(i fogli degli esercizi)* - *Ci sono i fogli degli eserci.*
4. Che cosa c'è sul comodino? *(dei documenti)* - *Ci sono dei documenti.*
5. Che cosa c'è sulla sedia? *(delle camicie)* - *Ci sono delle camicie.*
6. Che cosa c'è sulla poltrona? *(delle riviste)* - *Ci sono delle riviste.*

Esercizio n. 19

> *Stimolo:* - **Dove** è il passaporto di Mario? *(cassetto)*
> *Risposta:* - È **nel** cassetto.

1. Dove è il passaporto di Mario? *(cassetto)* - *È nel cassetto.*
2. Dove è questa notizia? *(giornale di ieri)* - *È nel giornale di ieri.*
3. Dove è la bottiglia d'acqua minerale? *(frigorifero)* - *È nel frigorifero.*
4. Dove è il foglio delle presenze? *(registro)* - *È nel registro.*

Dove è il gesso? - E **nella** scatola.

5. Dove è il gesso? *(scatola)* - ...*E nella scatola.*...
6. Dove è il libro? *(borsa)* - ...*E nella borsa.*...
7. Dove è la camicia azzurra? *(valigia)* - ...*E nella valigia.*...
8. Dove è il documento? *(busta)* - ...*E nella busta*...

Esercizio n. 20

Stimolo: - **Dove** sono i libri di Mario? *(banco)*
Risposta: - Sono **sul** banco.

1. Dove sono i libri di Mario? *(banco)* - ...*Sono sul banco.*...
2. Dove sono le bottiglie di vino? *(tavolo)* - ...*Sono sul tavolo.*...
3. Dove sono i fogli? *(libro)* - ...*Sono sul libro.*...
4. Dove sono i vasi dei fiori? *(terrazzo)* - ...*Sono sul terrazzo.*...

   Dove è il libro di Antonio? - È **sulla** sedia.

5. Dove è il libro di Antonio? *(sedia)* - ...*E sulla sedia.*...
6. Dove è la borsa di Luisa? *(poltrona)* - ...*E sulla poltrona.*...
7. Dove è la lettera? *(scrivania)* - ...*E sulla scrivania.*...
8. Dove è il pacchetto di sigarette? *(mensola)* - ...*E sulla mensola.*...

Esercizio n. 21

Stimolo: - **Che cosa c'è** nella borsa?
Risposta: - Nella borsa **non c'è niente**.

1. Che cosa c'è nella borsa? - ...*Nella borsa non c'è niente.*...
2. Che cosa c'è nel cassetto? - ...*Nel cassetto non c'è niente.*...
3. Che cosa c'è nel vaso? - ...*Nel vaso non c'è niente.*...
4. Che cosa c'è sulla sedia? - ...*Sulla sedia non c'è niente.*...
5. Che cosa c'è sul banco? - ...*Sul banco non c'è niente.*...
6. Che cosa c'è sul tavolo? - ...*Sul tavolo non c'è niente.*...

Funzioni e atti linguistici

Esercizio n. 22

> *Stimolo:* - **Posso** avere il passaporto?
> *Risposta:* - **Prego, ecco** il passaporto.

1. Posso avere il passaporto? - ....Prego, ecco il passaporto.
2. Posso avere le fotografie? - ....Prego, ecco le fotografie.
3. Posso avere il permesso di soggiorno? - Prego, ecco il permesso di soggiorno.
4. Posso avere i documenti? - ....Prego, ecco i documenti.
5. Posso avere la tessera? - ....Prego, ecco la tessera.
6. Posso avere la carta d'identità? - ....Prego, ecco la carta d'identità.

Esercizio n. 23

> *Stimolo:* - **Scusi**, signorina, **dove** è il telefono?
> *Risposta:* - Il telefono è **lì**.

1. Scusi, signorina, dove è il telefono? - ....Il telefono è lì.
2. Scusi, professore, dove è la mensa? - ....La mensa è lì.
3. Scusi, signora, dove è il bar? - ....Il bar è lì.
4. Scusi, signore, dove è l'ufficio informazioni? - L'ufficio informazioni è lì.
5. Scusi, signore, dove è il laboratorio linguistico? - Il laboratorio linguistico è lì.
6. Scusi, signore, dove è la segreteria? - ....La segreteria è lì.

Esercizio n. 24

Stimolo: - **Scusa**, Giorgio, **dove** sono i biglietti?
Risposta: - **Ecco** i biglietti.

---

1. Scusa, Giorgio, dove sono i biglietti? - ...*Ecco i biglietti.*...........................

2. Scusa, Marianne, dove sono le fotografie? - ...*Ecco le fotografie.*.................

3. Scusa, Giorgio, dove sono i documenti? - ...*Ecco i documenti.*....................

4. Scusa, Marianne, dove sono i soldi? - ....*Ecco i soldi.*..........................

5. Scusa, Luca, dove sono i francobolli? - ...*Ecco i francobolli.*...................

6. Scusa, Anna, dove sono le cartoline? - ....*Ecco le cartoline.*..................

TERZO PERCORSO OPERATIVO

> - Le tre coniugazioni: **...are, ...ere, ...ire** (indicativo presente)
> - Articoli determinativi: **lo, la, gli, le**
> - Articoli indeterminativi: **un, degli, una, delle**
> - Funzioni e atti linguistici: **rispondere, salutare, precisare, negare**

Esercizio n. 25

Stimolo: - Chi saluti? *(il professore)*
Risposta: - Saluto il professore.

1. Chi saluti? *(il professore)* - Saluto il professore.
2. Dove lavori? *(in banca)* - Lavoro in banca.
3. Che cosa prepari? *(un caffè)* - Preparo un caffè.
4. A che ora mangi? *(a mezzogiorno)* - Mango a mezzogiorno.
5. A chi scrivi? *(a Roberta)* - Scrivo a Roberta.
6. Che cosa leggi? *(una lettera della mamma)* - Leggo una lettera della mamma.
7. Che cosa prendi? *(un tè)* - Prendo un tè.
8. Che cosa bevi? *(un Martini)* - Bevo un Martini.

Esercizio n. 26

> *Stimolo:* - Dove dorm**i**? *(in albergo)*
> *Risposta:* - Dorm**o** in albergo.

1. Dove dormi? *(in albergo)* - ...Dormo in albergo.
2. Quando parti? *(domani)* - ...Parto domani.
3. Che cosa apri? *(la scatola dei cioccolatini)* - ...Apro la scatola dei cioccolatini
4. Che cosa offri da bere? *(birra a tutti)* - ...Offro birra a tutti.

   Quando fin**isci**? - Fin**isco** tra poco.

5. Quando finisci? *(tra poco)* - ...Finisco tra poco.
6. Che cosa spedisci? *(un pacco di libri)* - ...Spedisco un pacco di libri.
7. Che cosa preferisci? *(un tè al limone)* - ...Preferisco un tè al limone.
8. Capisci tutto? *(quasi tutto)* - ...Capisco quasi tutto.

Esercizio n. 27

> *Stimolo:* - Lui par**la** sempre italiano in classe.
> *Risposta:* - Loro parl**ano** sempre italiano in classe.

1. Lui parla sempre italiano in classe - ...Loro parlano sempre italiano in classe.
2. Lui aspetta l'autobus - ...Loro aspettano l'autobus.
3. Lui guarda la televisione - ...Loro guardano la televisione.
4. Lui viaggia spesso in treno - ...Loro viaggiano spesso in treno.

   Lei viv**e** a Londra - Loro viv**ono** a Londra.

5. Lei vive a Londra - ...Loro vivono a Londra.
6. Lei prende volentieri un gelato - ...Loro prendono volentieri un gelato.
7. Lei scrive raramente a casa - ...Loro scrivono raramente a casa.
8. Lei legge molto - ...Loro leggono molto.

Esercizio n. 28

> *Stimolo:* - Maria part**e** domani per le vacanze.
> *Risposta:* - Maria e Luisa part**ono** domani per le vacanze.

1. Maria parte domani per le vacanze. -
   Maria e Luisa partono domani per le vacanze

2. Maria esce raramente la sera. -
   - *Maria e Luisa*

3. Maria dorme molto. -
   - *Maria e Luisa dormono molto.*

4. Maria veste alla moda. -
   - *Maria e Luisa vestono moda.*

La lezione fin**isce** alle 11 - Le lezioni fin**iscono** alle 11.

5. La lezione finisce alle undici. - *Le lezioni finiscono alle 11.*

6. Quella ragazza capisce l'italiano. -
   - *Quelle ragazze capiscono l'italiano.*

7. Quella ragazza preferisce mangiare alla mensa. -
   - *Quelle ragazze preferiscono mangiare alla mensa.*

8. Quella ragazza spedisce cartoline agli amici. -
   - *Quelle ragazze*

Esercizio n. 29

> *Stimolo:* - **L**'autobus è pieno di studenti.
> *Risposta:* - **Gli** autobus sono pieni di studenti.

1. L'autobus è pieno di studenti. - *Gli autobus sono pieni di studenti.*
2. L'esercizio è facile. - *Gli esercizi sono facili*
3. L'esame è difficile. - *Gli esami sono difficili.*
4. L'indirizzo è nell'agenda. - *Gli indirizzi sono nell'agenda.*
5. L'insegnante è italiano. - *Gli insegnanti sono italiani.*
6. L'ufficio è chiuso. - *Gli uffici sono chiusi.*

Esercizio n. 30

> *Stimolo:* - **L'**aula è piena di studenti.
> *Risposta:* - **Le** aule sono piene di studenti.

1. L'aula è piena di studenti. - *Le aule sono piene di studenti.*
2. L'amica di Paolo è straniera. - *Le amici di Paolo sono straniera.*
3. L'iscrizione è obbligatoria. - ....
4. L'escursione è organizzata per domenica. - ....
5. L'allieva è sempre attenta. - ....
6. L'esercitazione è finita. - ....

Esercizio n. 31

> *Stimolo:* - Questo è **un** ospedale moderno.
> *Risposta:* - Questi sono **degli** ospedali moderni.

1. Questo è un ospedale moderno. - *Questi sono degli ospedali moderni.*
2. Questo è un insegnante bravo. - *Questi sono degli insegnanti bravi.*
3. Questo è un autobus comodo. - *Questi sono degli autobus comodi.*
4. Questo è un esercizio facile. - *Questi sono degli esercizi facili.*
5. Questo è un amico simpatico. - *Questi sono degli amici simpatici.*
6. Questo è un orologio vecchio. - *Questi sono degli orologi vecchi.*

Esercizio n. 32

> *Stimolo:* - Questa è **un'**idea interessante.
> *Risposta:* - Queste sono **delle** idee interessanti.

1. Questa è un'idea interessante. - ....
2. Questa è un'esperienza straordinaria. - ....
3. Questa è un'opera di Verdi. - ....

4. Questa è un'aula grande. - ....

5. Questa è un'amica sincera. - ....

6. Questa è un'isola meravigliosa. - ....

Funzioni e atti linguistici

Esercizio n. 33

> *Stimolo:* - Che cosa fai? Studi? *(leggere un po')*
> *Risposta:* - No, leggo un po'.

1. Che cosa fai? Studi? *(leggere un po')* - No, leggo un po.

2. Che cosa fai? Esci? *(restare a casa)* - No, resto a casa.

3. Che cosa fai? Parti? *(arrivare in questo momento)* - No Arrivo in questo momento,

4. Che cosa fai? Vai al cinema? *(guardare la TV)* - No guardo la TV

5. Che cosa fai? Smetti? *(continuare ancora)* - No, continuo ancora.

6. Che cosa fai? Fai gli esercizi? *(scrivere una lettera)* - No, scrivo una lettera

Esercizio n. 34

> *Stimolo:* - Io non voglio rimanere.
> *Risposta:* - Neanch'io voglio rimanere.

1. Io non voglio rimanere. - Neanch'io voglio rimanere.

2. Io non voglio parlare di questo. - Neanch'io voglio parlare di questo,

3. Io non voglio dire niente. - Neanch'io voglio dire niente.

4. Io non voglio partire. - Neanch'io voglio partire,

5. Io non voglio fumare. - Neanch'io voglio fumare,

6. Io non voglio aspettare. - Neanch'io voglio aspettare.

23

Esercizio n. 35

Stimolo: - Stasera andiamo al cinema.
Risposta: - Scusa, che cosa fate stasera?

1. Stasera andiamo al cinema. - ....
2. Domani facciamo una passeggiata. - ....
3. Per il fine settimana andiamo al mare. - ....
4. Quest'inverno andiamo in montagna. - ....
5. Oggi pomeriggio studiamo. - ....
6. Durante le vacanze facciamo un bel viaggio. - ....

Esercizio n. 36

Stimolo: - Abito al centro.
Risposta: - Dove abiti? Al centro?

1. Abito al centro. - ....
2. Lavoro in banca. - ....
3. Mangio al ristorante. - ....
4. Telefono a Roma. - ....
5. Studio in biblioteca. - ....
6. Sono alla stazione. - ....

QUARTO PERCORSO OPERATIVO

- Verbi **potere, volere, dovere**
- (indicativo presente)
- **Possessivi**
- Verbi **andare, venire**
- Avverbio di luogo **ci**
- Funzioni e atti linguistici: **esprimere accordo e disaccordo**

Esercizio n. 37

Stimolo: - Che cosa **vuoi** comprare? *(una cravatta)*
Risposta: - **Voglio** comprare una cravatta.

1. Che cosa vuoi comprare? *(una cravatta)* - Voglio comprare una cravatta.
2. Che cosa vuoi mangiare? *(una bistecca)* - Voglio mangiare una bistecca.
3. Che cosa vuoi prendere? *(una birra)* - Voglio prendere una birra.
4. Dove vuoi andare? *(a spasso)* - Voglio andare a spasso.
5. Dove vuoi dormire? *(in albergo)* - Voglio dormire in albergo.
6. Dove vuoi passare le vacanze? *(in montagna)* - Voglio passare le vacanze in montagna.

25

Esercizio n. 38

Stimolo: - **Può** venire a lezione alle nove?
Risposta: - Purtroppo non **posso** venire.

1. Può venire a lezione alle nove? - ....
2. Può rimanere in ufficio fino alle sette? - ....
3. Può partecipare alla riunione? - ....
4. Può restare ancora? - ....
5. Può tornare un'altra volta? - ....
6. Può aspettare un momento? - ....

Esercizio n. 39

Stimolo: - Con chi **dovete** parlare? *(con il direttore)*
Risposta: - **Dobbiamo** parlare con il direttore.

1. Con chi dovete parlare? *(con il direttore)* - ....
2. Con chi dovete uscire? *(con i nostri amici)* - ....
3. Con chi dovete giocare? *(con gli studenti del corso medio)* - ....
4. Con chi dovete prendere contatto? *(con il nostro ambasciatore)* - ....
5. Con chi dovete fare conversazione? *(con una professoressa italiana)* - ....
6. Con chi dovete andare a pranzo? *(con le nostre amiche)* - ....

Esercizio n. 40

Stimolo: - È **tua** questa borsa?
Risposta: - Sì, è la **mia** borsa.

1. È tua questa borsa? - ....
2. È tua questa chiave? - ....
3. È tua questa valigia? - ....
4. È tua questa cravatta? - ....

5. È tua questa giacca? - ....

6. È tua questa agenda? - ....

Esercizio n. 41

Stimolo: - Qual è il **tuo** posto?
Risposta: - Questo è il **mio** posto.

1. Qual è il tuo posto? - ....

2. Qual è il tuo cappotto? - ....

3. Qual è il tuo bicchiere? - ....

4. Qual è il tuo libro? - ....

5. Qual è il tuo quaderno? - ....

6. Qual è il tuo numero di telefono ? - ....

Esercizio n. 42

Stimolo: - Dove sono i **tuoi** genitori? *(a casa)*
Risposta: - I **miei** genitori sono a casa.

1. Dove sono i tuoi genitori? *(a casa)* - ....

2. Dove sono i tuoi documenti? *(nella borsa)* - ....

3. Dove sono i tuoi occhiali? *(sul tavolo)* - ....

4. Dove sono i tuoi amici? *(in salotto)* - ....

5. Dove sono i tuoi fratelli? *(al mare)* - ....

6. Dove sono i tuoi quaderni? *(sotto il banco)* - ....

Esercizio n. 43

Stimolo: - Di chi sono queste sigarette?
Risposta: - Queste sigarette sono le mie.

1. Di chi sono queste sigarette? - ....

2. Di chi sono queste camicie? - ....

3. Di chi sono queste scarpe? - ....

4. Di chi sono queste riviste? - ....

5. Di chi sono queste chiavi? - ....

6. Di chi sono queste buste? - ....

Esercizio n. 44

Stimolo: - Qual è il **vostro** amico italiano? *(quello in piedi)*
Risposta: - Il **nostro** amico italiano è quello in piedi.

1. Qual è il vostro amico italiano? *(quello in piedi)* -

   - ....

2. Qual è il vostro ombrello? *(quello nero)* -

   - ....

3. Qual è il vostro giorno libero? *(il sabato)* -

   - ....

4. Qual è il vostro autobus? *(il 36)* -

   - ....

5. Qual è il vostro passaporto? *(quello sul tavolo)* -

   - ....

6. Qual è vostro fratello? *(quello seduto)* -

Esercizio n. 45

Stimolo: - Dove sono i **vostri** nonni? *(in montagna)*
Risposta: - I **nostri** nonni sono in montagna.

1. Dove sono i vostri nonni? *(in montagna)* -

   ....

2. Dove sono i vostri libri? *(sulla scrivania)* -

   - ....

3. Dove sono i vostri biglietti? *(nel cassetto della scrivania)* -

   - ....

4. Dove sono i vostri soldi? *(in banca)* -

   - ....

5. Dove sono i vostri vestiti? *(nell'armadio)* -

   - ....

6. Dove sono i vostri figli? *(al mare)* -

   - ....

Esercizio n. 46

Stimolo: - È il passaporto di Maria?
Risposta: - Sí, è **il suo** passaporto.

1. È il passaporto di Maria? - ....

2. È l'appartamento di Maria? - ....

3. È il sacco a pelo di Maria? - ....

4. È il fidanzato di Maria? - ....

Sono i regali di Maria? - Sì, sono **i suoi** regali.

5. Sono i regali di Maria? - ....

6. Sono i fratelli di Maria? - ....

7. Sono i parenti di Maria? - ....

8. Sono i genitori di Maria? - ....

Esercizio n. 47

Stimolo: - Questa è la casa di Filippo e Maria?
Risposta: - Sì, è **la loro** casa.

1. Questa è la casa di Filippo e Maria? -

   - ....

2. Questa è la macchina dei tuoi genitori? -

   - ....

3. Questa è la camera dei tuoi nonni? -

   - ....

4. Questa è la barca dei tuoi amici? -

- ....

Questo è il cane dei signori Rossi? - Sì, è **il loro** cane.

5. Questo è il cane dei signori Rossi? -

- ....

6. Questo è il figlio dei signori Rossi? -

- ....

7. Questo è il nipotino dei signori Rossi? -

- ....

8. Questo è l'appartamento dei signori Rossi? -

- ....

Esercizio n. 48

Stimolo: - A che ora **vai** al cinema? *(alle otto)*
Risposta: - Ci **vado** alle otto.

1. A che ora vai al cinema? *(alle otto)* - ....
2. Quando vai al centro? *(dopo cena)* - ....
3. Con chi vai al museo? *(con Maria)* - ....
4. Quando vai a teatro? *(domani sera)* - ....
5. Perché vai in segreteria? *(per pagare le tasse)* - ....
6. A che ora vai a lezione? *(alle 9)* - ....

Esercizio n. 49

Stimolo: - Lui **va** a scuola a piedi.
Risposta: - Anche loro **vanno** a scuola a piedi.

1. Lui va a scuola a piedi. - ....
2. Lui va al centro in autobus. - ....
3. Lui va a lezione volentieri. - ....

4. Lui va a casa a mezzogiorno. - ....

5. Lui va spesso a Firenze. - ....

6. Lui va a Roma ogni settimana. - ....

Esercizio n. 50

Stimolo: - Vado a prendere un caffè, **ci vieni** anche tu?
Risposta: - Sì, **ci vengo** anch'io a prendere un caffè.

1. Vado a prendere un caffè, ci vieni anche tu? - ....

2. Dopo la lezione vado al centro, ci vieni anche tu? - ....

3. Questa sera vado al concerto, ci vieni anche tu? - ....

4. Vado a fare due passi, ci vieni anche tu? - ....

5. Vado al lago, ci vieni anche tu? - ....

6. Vado in discoteca, ci vieni anche tu? - ....

Funzioni e atti linguistici

Esercizio n. 51

Stimolo: - Vogliamo prendere un caffè?
Risposta: - Prendere un caffè? - Sì, **è una buona idea!**

1. Vogliamo prendere un caffè? -

   - ....

2. Vogliamo andare da Chiara? -

   - ....

3. Vogliamo fare un giro in macchina? -

   - ....

4. Vogliamo partire domani? -

   - ....

Vogliamo studiare insieme? - Studiare insieme? **Sono d'accordo.**

5. Vogliamo studiare insieme? -

    - ....

6. Vogliamo mangiare al ristorante? -

    - ....

7. Vogliamo mandare una cartolina al professore? -

    - ....

8. Vogliamo telefonare a Susanna? -

    - ....

Esercizio n. 52

Stimolo: - A che ora aprono i negozi? *(le nove)*
Risposta: - Aprono **verso** le nove.

1. A che ora aprono i negozi? *(le nove)* - ....
2. A che ora arriva il direttore? *(le undici)* - ....
3. A che ora comincia lo spettacolo? *(le nove e mezza)* - ....
4. A che ora finisce la conferenza? *(le dieci)* - ....
5. A che ora torna la mamma? *(le undici)* - ....
6. A che ora smetti di lavorare? *(le cinque)* - ....

Esercizio n. 53

Stimolo: - Telefonate alle nove?
Risposta: - **D'accordo,** telefoniamo alle nove.

1. Telefonate alle nove? - ....
2. Venite alle nove? - ....
3. Scrivete subito? - ....
4. Aspettate alla stazione? - ....
5. Mandate subito un telegramma? - ....
6. Parlate subito con la mamma? - ....

Esercizio n. 54

Stimolo: - Voglio invitare Marco.
Risposta: - Per me **fai male a** invitare Marco.

1. Voglio invitare Marco. - ....

2. Voglio scrivere a Renata. - ....

3. Voglio telefonare ai Rossi. - ....

4. Voglio spedire quella lettera. - ....

5. Voglio fare questo viaggio. - ....

6. Voglio partire subito. - ....

QUINTO PERCORSO OPERATIVO

> - Indicativo: **Passato prossimo**
> - Articoli: **lo, gli, uno, (degli)**
> - Plurale: **particolarità**
> - Funzioni e atti linguistici: **chiedere e dare informazioni, rifiutare**

Esercizio n. 55

Stimolo: - Ogni giorno mangio alla mensa.
Risposta: - Anche ieri **ho mangiato** alla mensa.

1. Ogni giorno mangio alla mensa. - *Anche ieri ho mangiato alla mensa.*
2. Ogni giorno guardo la TV. - *Anche ieri guardato la TV.*
3. Ogni giorno telefono a casa. - *Anche ieri ho telefonato a casa.*
4. Ogni giorno compro il giornale. - *Anche ieri ho comprato il giornale.*
5. Ogni giorno fumo dieci sigarette. - *Anche ieri ho fumato dieci sigarette.*
6. Ogni giorno studio molto. - *Anche ieri ho studiato molto.*

Esercizio n. 56

Stimolo: - Chi **avete incontrato** al bar? *(gli amici francesi)*
Risposta: - **Abbiamo incontrato** gli amici francesi.

---

1. Chi avete incontrato al bar? *(gli amici francesi)* -
   - Abbiamo incontrato gli amici francesi.

2. Chi avete invitato alla festa? *(i compagni di classe)* -
   - Abbiamo invitato i compagni di classe.

3. Che cosa avete ordinato? *(una bistecca)* -
   - Abbiamo ordinato una bistecca.

4. Che cosa avete visitato a Roma? *(il Colosseo)* -
   - Abbiamo visitato il Colosseo a Roma.

5. Dove avete pranzato? *(in trattoria)* -
   - Abbiamo pranzato in trattoria.

6. Dove avete cenato? *(in pizzeria)* -
   - Abbiamo avete cenato in pizzeria.

Esercizio n. 57

Stimolo: - **Hai potuto** telefonare?
Risposta: - No, purtroppo non **ho potuto** telefonare.

---

1. Hai potuto telefonare?
   - ....

2. Hai venduto la macchina?
   - ....

3. Hai ottenuto il prestito?
   - ....

4. Hai veduto la mostra?
   - ....

5. Hai conosciuto quelle ragazze?

   - ....

6. Hai saputo rispondere?

   - ....

Esercizio n. 58

Stimolo: - Che cosa **avete deciso** per domenica? *(di rimanere a casa)*
Risposta: - **Abbiamo deciso** di rimanere a casa.

1. Che cosa avete deciso per domenica? *(di rimanere a casa)* -

   - ....

2. Che cosa avete fatto ieri sera? *(una passeggiata in città)* -

   - ....

3. Che cosa avete bevuto al bar? *(un succo di frutta)* -

   - ....

4. Che cosa avete letto di bello? *(un romanzo inglese)* -

   - ....

5. A chi avete scritto? *(ai parenti)* -

   - ....

6. Che cosa avete visto in TV? *(un film poliziesco)* -

   - ....

Esercizio n. 59

Stimolo: - Lei quanto **ha speso** per questo vestito? *(poco)*
Risposta: - **Ho speso** poco.

1. Lei quanto ha speso per questo vestito? *(poco)* - ....

2. Lei quanto ha chiesto? *(un prezzo ragionevole)* - ....

3. Lei quanto ha vinto? *(pochissimo)* - ....

4. Lei quanto ha perso a carte? *(centomila lire)* - ....

5. Lei quanto ha pagato d'affitto? *(molto)* - ....

6. Lei quanto ha risparmiato? *(abbastanza)* - ....

Esercizio n. 60

Stimolo: - Il signore **ha dormito** in albergo.
Risposta: - I signori **hanno dormito** in albergo.

1. Il signore ha dormito in albergo. -

   - ....

2. La signora ha capito la spiegazione. -

   - ....

3. Il cameriere ha servito il pranzo. -

   - ....

4. L'architetto ha finito il progetto. -

   - ....

5. Il mio amico ha spedito il pacco. -

   - ....

6. L'attore ha divertito il pubblico. -

   - ....

Esercizio n. 61

Stimolo: - Quando **sei arrivato** in questa città? *(due settimane fa)*
Risposta: - **Sono arrivato** due settimane fa.

1. Quando sei arrivato in questa città? *(due settimane fa)* -

   - ....

2. Quando sei partito da casa? *(il primo giugno)* -

   - ....

3. Quando sei tornato? *(il mese scorso)* -

- ....

4. A che ora sei entrato? *(pochi minuti fa)* -

- ....

5. Quando sei andato? *(prima della lezione)* -

- ....

6. Quando sei uscito dall'aula? *(durante l'intervallo)* -

- ....

Esercizio n. 62

Stimolo: - Non **è venuta** da me.
Risposta: - Non **sono venute** da me.

1. Non è venuta da me. - ....

2. Non è rimasta in città. - ....

3. Non è entrata in aula. - ....

4. Non è passata in ufficio. - ....

5. Non è ancora tornata dalla vacanza. - ....

6. Non è andata a lezione. - ....

Esercizio n. 63

Stimolo: - **Lo** spettacolo è interessante.
Risposta: - **Gli** spettacoli sono interessanti.

1. Lo spettacolo è interessante. - ....

2. Lo zaino è pesante. - ....

3. Lo specchio è antico. - ....

4. Lo scienziato è famoso. - ....

5. Lo zio è contento. - ....

6. Lo scolaro è simpatico. - ....

Esercizio n. 64

Stimolo: - È **uno** stadio grande.
Risposta: - Sono **degli** stadi grandi.

1. È uno stadio grande. - ....
2. È uno sposo elegante. - ....
3. È uno scrittore affermato. - ....
4. È uno sbaglio grave. - ....
5. È uno zaino leggero. - ....
6. È uno zio americano. - ....

Esercizio n. 65

Stimolo: - Questo **bar** è sempre affollato.
Risposta: - Questi **bar** sono sempre affollati.

1. Questo bar è sempre affollato. - ....
2. Questo caffè è amaro. - ....
3. Questo autobus è in ritardo. - ....
4. Questo tè è leggero. - ....
5. Questo film è noioso. - ....
6. Questo sport è popolare. - ....

Funzioni e atti linguistici

Esercizio n. 66

Stimolo: - **Tutte le aule hanno** la lavagna luminosa?
Risposta: - Certo, **ogni aula ha** la lavagna luminosa.

1. Tutte le aule hanno la lavagna luminosa? -

   - ....

2. Tutte le aule hanno il registratore? -

   - ....

3. Tutte le aule hanno la televisione? -

- ....

4. Tutte le aule hanno il riscaldamento? -

- ....

5. Tutti gli studenti hanno il libro di grammatica? -

- ....

6. Tutti gli studenti hanno il permesso di soggiorno? -

- ....

7. Tutti gli studenti hanno la tessera? -

- ....

8. Tutti gli studenti hanno il passaporto? -

- ....

Esercizio n. 67

Stimolo: - Che cosa hai comprato? *(souvenir)*
Risposta: - Ho comprato **qualche** souvenir.

1. Che cosa hai comprato? *(souvenir)* -

- ....

2. Che cosa hai preparato? *(panino)* -

- ....

3. Che cosa hai studiato? *(verbo irregolare)* -

- ....

4. Chi hai salutato? *(qualche amico)* -

- ....

5. Chi hai invitato? *(studente della mia classe)* -

- ....

6. Chi hai incontrato alla cerimonia? *(vecchio insegnante)* -

- ....

Esercizio n. 68

Stimolo: - **Fin** dove sei arrivata? *(alla cima della montagna)*
Risposta: - Sono arrivata **fino alla** cima della montagna.

1. Fin dove sei arrivata? *(alla cima della montagna)* -

    - ....

2. Fin dove hai studiato? *(al terzo capitolo)* -

    - ....

3. Fin quando hai lavorato? *(a mezzanotte)* -

    - ....

4. Fin quando hai aspettato? *(alle 10)* -

    - ....

5. Fin dove è arrivato Marco? *(a Parigi)* -

    - ....

6. Fin quando hai giocato? *(all'alba)* -

    - ....

Esercizio n. 69

Stimolo: - Prendi **qualcosa?**
Risposta: - No, grazie, **non** prendo **niente.**

1. Prendi qualcosa? - ....

2. Mangi qualcosa? - ....

3. Bevi qualcosa? - ....

4. Desideri qualcosa? - ....

5. Assaggi qualcosa? - ....

6. Vuoi qualcosa? - ....

Esercizio n. 70

Stimolo: - Cosa pensi di questo film? *(stupendo)*
Risposta: - È un film **stupendo.**

1. Cosa pensi di questo film? *(stupendo)* - ....
2. Cosa pensi di questo quadro? *(magnifico)* - ....
3. Cosa pensi di questo dolce? *(squisito)* - ....
4. Cosa pensi di questo vino? *(delizioso)* - ....
5. Cosa pensi di questo panorama? *(incantevole)* - ....
6. Cosa pensi di questo concerto? *(favoloso)* - ....

SESTO PERCORSO OPERATIVO

- Indicativo: **futuro semplice e anteriore**
- Plurali speciali: **particolarità**
- Funzioni e atti linguistici: **esprimere desiderio e rinuncia**

Esercizio n. 71

Stimolo: - Dove **aspetterai?** *(alla stazione)*
Risposta: - **Aspetterò** alla stazione.

1. Dove aspetterai? *(alla stazione)* - ....

2. Quando tornerai qui? *(il mese prossimo)* - ....

3. Chi porterai? *(mia sorella)* - ....

4. Dove abiterai? *(presso mio zio)* - ....

5. A chi telefonerai? *(a Claudia)* - ....

6. Quando arriverai? *(fra un mese)* - ....

Esercizio n. 72

> *Stimolo:* - **Leggerò** un libro.
> *Risposta:* - **Leggeremo** un libro.

1. Leggerò un libro. - ....

2. Scriverò una lettera. - ....

3. Prenderò il treno delle sei. - ....

4. Venderò la moto. - ....

5. Risponderò alla domanda. - ....

6. Metterò il denaro in banca. - ....

Esercizio n. 73

> *Stimolo:* - Con chi **uscirete**? *(con il nostro professore)*
> *Risposta:* - **Usciremo** con il nostro professore.

1. Con chi uscirete? *(con il nostro professore)* - ....

2. A che ora finirete? *(alle tre)* - ....

3. Dove dormirete? *(in albergo)* - ....

4. Quando partirete? *(la settimana prossima)* - ....

5. Quando riuscirete a finire? *(domani)* - ....

6. Che cosa offrirete da bere? *(vino e birra)* - ....

Esercizio n. 74

> *Stimolo:* - Domani **andrà** a Roma.
> *Risposta:* - Domani **andranno** a Roma.

1. Domani andrà a Roma. - ....

2. Domani sarà a Vienna. - ....

3. Domani avrà più tempo. - ....

4. Domani dovrà partire. - ....

5. Domani potrà dormire. - ....

6. Domani saprà il risultato dell'esame. - ....

Esercizio n. 75

Stimolo: - Domani a che ora verrai? *(alle cinque)*
Risposta: - **Verrò** alle cinque.

1. Domani a che ora verrai? *(alle cinque)* - ....

2. Domani che cosa farai? *(una gita al mare)* - ....

3. Quanto tempo rimarrai? *(un anno)* - ....

4. A pranzo che cosa berrai? *(il solito vino rosso)* - ....

5. Domani con chi starai? *(con i miei genitori)* - ....

6. Da chi andrai a dormire? *(dai miei parenti)* - ....

Esercizio n. 76

Stimolo: - Quando partirai? *(mangiare)*
Risposta: - Appena **avrò mangiato.**

1. Quando partirai? *(mangiare)* -

   - ....

2. Quando andrai via? *(ricevere i soldi)* -

   - ....

3. Quando verrai? *(fare l'esame)* -

   - ....

4. Quando risponderai? *(sapere la notizia)* -

   - ....

5. Quando telefonerai? *(arrivare)* -

   - ....

6. Quando comincerai i lavori? *(tornare dalle vacanze)* -

   - ....

Esercizio n. 77

Stimolo: - Quando studierete la lezione?
Risposta: - Quando **avremo dormito** un po'.

1. Quando studierete la lezione? *(dormire un po')* -

   - ....

2. Quando farete l'esame di inglese? *(tornare in Inghilterra)* -

   - ....

3. Quando comincerete il lavoro? *(arrivare materiale)* -

   - ....

4. Quando tornerete a casa? *(finire soldi)* -

   - ....

5. Quando mi restituirete i soldi? *(cambiare assegno)* -

   - ....

6. Quando partirete per le vacanze? *(comprare macchina)* -

   - ....

Esercizio n. 78

Stimolo: - La ban**ca** è aperta.
Risposta: - Le ban**che** sono aperte.

1. La banca è aperta. - ....

2. L'amica è tedesca. - ....

3. La signorina è greca. - ....

4. La signora è stanca. - ....

La botte**ga** è chiusa. - Le botte**ghe** sono chiuse.

5. La bottega è chiusa. - Le botteghe sono chiuse.

6. La strada è larga. - ....

7. La fila è lunga. - ....

8. La collega è simpatica. - ....

Esercizio n. 79

> *Stimolo:* - È uno studente tede**sco**.
> *Risposta:* - Sono studenti tede**schi**.

1. È uno studente tedesco. - ....
2. È un mobile antico. - ....
3. È un ragazzo turco. - ....
4. È un gioco divertente. - ....

È un alber**go** moderno. - Sono alber**ghi** moderni.

5. È un albergo moderno. - ....
6. È un famoso chirurgo. - ....
7. È un luogo incantevole. - ....
8. È un obbligo pesante. - ....

Esercizio n. 80

> *Stimolo:* - Invito **tutti**.
> *Risposta:* - **Non** invito **nessuno**.

1. Invito tutti. - ....
2. Conosco tutti. - ....
3. Parlo con tutti. - ....
4. Ringrazio tutti. - ....
5. Saluto tutti. - ....
6. Rispondo a tutti. - ....

Esercizio n. 81

> *Stimolo:* - Quale libro vuoi? **Questo o quello?**
> *Risposta:* - Voglio **l'uno e l'altro**.

1. Quale libro vuoi? Questo o quello? - ....
2. Quale vino bevi? Questo o quello? - ....

3. Quale vestito prendi? Questo o quello? - ....

4. Quale dolce compri? Questo o quello? - ....

5. Quale pennarello usi? Questo o quello? - ....

6. Quale ombrello desideri? Questo o quello? - ....

Funzioni e atti linguistici

Esercizio n. 82

> *Stimolo:* Una birra?
> *Risposta:* - Sì, **ho voglia di** una birra.

1. Una birra? - ....

2. Una pasta? - ....

3. Una sigaretta? - ....

4. Tornare in Italia? - ....

5. Restare a Perugia? - ....

6. Fare un viaggio? - ....

Esercizio n. 83

> *Stimolo:* - Non vuoi più restare a Roma?
> *Risposta:* - Sì, **non mi va più di** restare a Roma.

1. Non vuoi più restare a Roma? - ....

2. Non vuoi più suonare? - ....

3. Non vuoi più cantare? - ....

4. Non vuoi più recitare? - ....

5. Non vuoi più viaggiare? - ....

6. Non vuoi più studiare? - ....

SETTIMO PERCORSO OPERATIVO

- **Verbi riflessivi**
- **Doppia negazione**
- **Quando, Durante**
- Funzioni e atti linguistici: **esprimere sorpresa, emozione**

Esercizio n. 84

Stimolo: - A che ora **ti svegli** la mattina? *(alle sette)*
Risposta: - **Mi sveglio** alle sette.

1. A che ora ti svegli la mattina? *(alle sette)* - ....

2. A che ora ti alzi? *(alle sette e dieci)* - ....

3. A che ora ti metti a tavola? *(all'una)* - ....

4. Quando ti incontri con Marta? *(verso mezzogiorno)* - ....

5. Quando ti trovi con gli amici? *(nel pomeriggio)* - ....

6. Quanto tempo ti fermi ancora? *(due settimane)* - ....

Esercizio n. 85

Stimolo: - Lui **si siede** al bar.
Risposta: - Loro **si siedono** al bar.

1. Lui si siede al bar. - ....
2. Lui si diverte in discoteca. - ....
3. Lui si dimentica sempre gli appuntamenti. - ....
4. Lei la domenica si riposa più del solito. - ....
5. Lei non si ricorda mai di niente. - ....
6. Lei si annoia in questo posto. - ....

Esercizio n. 86

Stimolo: - Quanto **vi fermate?** *(una settimana)*
Risposta: - **Ci fermiamo** una settimana.

1. Quanto vi fermate? *(una settimana)* - ....
2. Quando vi vedete? *(quasi tutti i giorni)* - ....
3. Quando vi telefonate? *(ogni sera)* - ....
4. Come vi trovate? *(abbastanza bene)* - ....
5. Dove vi incontrate? *(di solito al centro)* - ....
6. Di che cosa vi occupate? *(di pubblicità)* - ....

Esercizio n. 87

Stimolo: - La mattina ascolti il giornale-radio? *(dopo che - alzarsi)*
Risposta: - Sì, **dopo che mi sono alzato.**

1. La mattina ascolti il giornale-radio? *(dopo che - alzarsi)* -

 - ....

2. La mattina prendi il caffè? *(dopo che - prepararsi)* -

 - ....

3. La mattina ripassi la lezione? *(dopo che - vestirsi)* -

    - ....

4. La mattina fai colazione? *(dopo che - lavarsi)* -

    - ....

Quando esci? - **Dopo che mi sono riposata.**

5. Quando esci? *(dopo che - riposarsi)* -

    ....

6. Quando telefoni a casa? *(dopo che - sistemarsi)* -

    - ....

7. Quando vai a lezione? *(dopo che - iscriversi)* -

    - ....

8. Quando cominci a lavorare? *(dopo che - specializzarsi)* -

    - ....

Esercizio n. 88

Stimolo: - Quanto tempo **ti fermerai?** *(due mesi)*
Risposta: - **Mi fermerò** due mesi.

1. Quanto tempo ti fermerai? *(due mesi)* - ....
2. Dove ti sistemerai? *(in una pensione)* - ....
3. Di che cosa ti occuperai? *(di economia)* - ....
4. In che cosa ti specializzerai? *(in pediatria)* - ....
5. Di che cosa ti interesserai? *(di motori)* - ....
6. Quando ti libererai dall'impegno? *(la prossima settimana)* - ....

Esercizio n. 89

Stimolo: - Di che cosa **puoi occuparti** tu? *(delle bibite)*
Risposta: - Io **posso occuparmi** delle bibite.

1. Di che cosa puoi occuparti tu? *(delle bibite)* -

    - ....

2. Di che cosa puoi interessarti tu? *(degli inviti)* -

    - ....

3. Di che cosa puoi informarti tu? *(degli orari)* -

   - ....

4. A che cosa puoi dedicarti tu? *(alle telefonate)* -

   - ....

A che ora **devi alzarti?** - **Devo alzarmi** alle 8.

5. A che ora devi alzarti? *(alle otto)* -

   - ....

6. A che ora devi vederti con Olga? *(a mezzogiorno)* -

   - ....

7. A che ora devi presentarti alla festa? *(alle dieci)* -

   - ....

8. A che ora devi incontrarti con il professore? *(alle dieci e trenta)* -

   - ....

Esercizio n. 90

Stimolo: - **Voglio addormentarmi** presto.
Risposta: - **Mi voglio addormentare** presto.

1. Voglio addormentarmi presto. - ....
2. Voglio mettermi d'accordo per domani. - ....
3. Vogliamo conoscerci bene. - ....
4. Vuole fermarsi qualche giorno. - ....
5. Vuoi riposarti un momento? - ....
6. Volete accomodarvi? - ....

Esercizio n. 91

Stimolo: - **Quando pranziamo,** la mamma parla molto con noi. *(il pranzo).*
Risposta: - **Durante il pranzo,** la mamma parla molto con noi.

1. Quando pranziamo, la mamma parla molto con noi. *(il pranzo)* -

   - ....

2. Quando ceniamo, papà guarda la TV. *(la cena)* -

   - ....

3. Quando spiega, il professore passa tra i banchi. *(la spiegazione)* -

   - ....

4. Quando opera, il chirurgo vuole assoluta precisione. *(l'operazione)* -

   - ....

5. Quando legge, il professore vuole assoluto silenzio. *(la lettura)* -

   - ....

6. Quando dormo parlo spesso. *(il sonno)* -

   - ....

Funzioni e atti linguistici

Esercizio n. 92

Stimolo: - Bevi molto la sera?
Risposta: - Scherzi? **Non** bevo **mai la sera.**

---

1. Bevi molto la sera? -

   - ....

2. Fumi molto in ufficio? -

   - ....

3. Studi molto durante le vacanze? -

   - ....

4. Lavori molto durante il fine settimana? -

   - ....

5. Parli molto con il direttore? -

   - ....

6. Viaggi molto in aereo? -

   - ....

Esercizio n. 93

Stimolo: - Hai finalmente rivisto il tuo paese?
Risposta: - Sì. **Che emozione** rivedere il mio paese!

---

1. Hai finalmente rivisto il tuo paese? -

   - ....

2. Hai finalmente visitato il Colosseo? -

   - ....

3. Hai finalmente conosciuto quell'attore? -

   - ....

4. Hai finalmente pubblicato un libro? -

   - ....

5. Hai finalmente ricevuto quel premio? -

   - ....

6. Hai finalmente incontrato il Papa? -

   - ....

OTTAVO PERCORSO OPERATIVO

- Pronomi diretti: **lo, la, li, le**
- Pronome partitivo: **ne**
- **Ci** con i pronomi diretti
- Funzioni e atti linguistici: **dare assicurazione, scusarsi**

Esercizio n. 94

Stimolo: - Vuoi prendere un caffè?
Risposta: - Sì, **lo** prendo volentieri.

1. Vuoi prendere un caffè? - ....

2. Vuoi visitare il mio appartamento? - ....

3. Vuoi vedere questo film? - ....

4. Vuoi comprare questo quadretto? - ....

5. Vuoi leggere questo articolo? - ....

6. Vuoi fare questo lavoro? - ....

Esercizio n. 95

> *Stimolo:* - Quando cambiate la camera?
> *Risposta:* - **La** cambiamo appena possibile.

1. Quando cambiate la camera? - ....
2. Quando invitate la vostra amica? - ....
3. Quando comunicate la notizia? - ....
4. Quando comperate la macchina? - ....
5. Quando spedite la lettera? - ....
6. Quando preparate la valigia? - ....

Esercizio n. 96

> *Stimolo:* - Mario compra tutti questi regali? -
> *Risposta:* - Sì, **li** compra tutti.

1. Mario compra tutti questi regali? - ....
2. Tuo figlio legge tutti questi libri? - ....
3. Tua madre invita tutti i compagni di classe? - ....
4. Il direttore riceve tutti gli ospiti? - ....
5. Il dottore visita tutti i malati? - ....
6. Silvana ricorda tutti i vostri indirizzi? - ....

Esercizio n. 97

> *Stimolo:* - Di solito dove incontri le tue amiche? *(al centro)*
> *Risposta:* - **Le** incontro al centro.

1. Di solito dove incontri le tue amiche? *(al centro)* -

   - ....

2. Di solito dove mandi le figlie in vacanza? *(all'estero)* -

   - ....

3. Di solito quando ascolti le notizie alla radio? *(la mattina)* -

 - ....

4. Di solito quando prepari le lezioni? *(dopo cena)* -

 - ....

5. Di solito dove trascorri le vacanze? *(al lago)* -

 - ....

6. Di solito quando paghi le tasse? *(alla fine dell'anno)* -

 - ....

Esercizio n. 98

Stimolo: - **Mi** conosci?
Risposta: - Sì, **ti** conosco.

1. Mi conosci? - ....

2. Mi aiuti? - ....

3. Mi aspetti? - ....

4. Mi capisci? - ....

Lei, **mi** ascolta? - Sí, **La** ascolto.

5. Lei, mi ascolta? - ....

6. Lei, mi sente? - ....

7. Lei, mi accompagna? - ....

8. Lei, mi chiama? - ....

Esercizio n. 99

Stimolo: - Di questi libri quanti ne leggi? *(uno alla settimana)*
Risposta: - **Ne** leggo uno alla settimana.

1. Di questi libri quanti ne leggi? *(uno alla settimana)* -

 - ....

2. Di questi biglietti di invito quanti ne vuoi? *(due)* -

 - ....

3. Di questi dischi quanti ne ascolti? *(tanti)* -

- ....

4. Di questi studenti quanti ne conosci? *(molti)* -

- ....

5. Di quelle ragazze quante ne inviti? *(parecchie)* -

- ....

6. Di queste riviste quante ne compri? *(tre)* -

- ....

Esercizio n. 100

Stimolo: - Vedete molti film?
Risposta: - Sì, **ne** vediamo **molti.**

1. Vedete molti film? -

- ....

2. Mangiate molti gelati? -

- ....

3. Visitate molti paesi? -

- ....

4. Esaminate molti studenti? -

- ....

5. Fate molti esercizi? -

- ....

6. Fate ancora molti sbagli? -

- ....

Esercizio n. 101

> *Stimolo:* - I libri sono qui, **li** vuoi **tutti**? *(due)*
> *Risposta:* - No, non **li** voglio **tutti**, **ne** voglio solo **due.**

1. I libri sono qui, li vuoi tutti? *(due)* -

   - ....

2. I signori sono qui, li ricevi tutti? *(alcuni)* -

   - ....

3. Questi pazienti non hanno l'appuntamento, li visiti tutti? *(tre o quattro)* -

   - ....

4. Gli esercizi sono molti, li fai tutti? *(alcuni)* -

   - ....

5. I pacchi sono pronti, li spedisci tutti? *(uno)* -

   - ....

6. Questi discorsi sono interessanti, li registri tutti? *(uno)* -

   - ....

Esercizio n. 102

> *Stimolo:* - Vuoi ascoltare questo disco?
> *Risposta:* - Sì, **voglio ascoltarlo.**

1. Vuoi ascoltare questo disco? - ....

2. Vuoi mettere il cappotto nuovo? - ....

3. Vuoi provare il mio registratore? - ....

4. Vuoi conoscere mio nonno? - ....

Vuoi leggere questa rivista? - Sì, **voglio leggerla.**

5. Vuoi leggere questa rivista? - ....

6. Vuoi assaggiare questa torta? - ....

7. Vuoi vedere la mia casa? - ....

8. Vuoi conoscere quella ragazza? - ....

Esercizio n. 103

Stimolo: - Metti il vestito nella valigia?
Risposta: - Certo che **ce lo** metto.

---

1. Metti il vestito nella valigia? - ....
2. Porti il libro in biblioteca? - ....
3. Accompagni il tuo amico in segreteria? - ....
4. Inviti il professore alla festa? - ....
5. Scrivi il tuo indirizzo sulla busta? - ....
6. Aggiungi un posto a tavola? - ....

Funzioni e atti linguistici

Esercizio n. 104

Stimolo: - Come? Non hai preparato la valigia?
Risposta: - **Un po' di pazienza!** La preparo subito!

---

1. Come? Non hai preparato la valigia? -

   - ....

2. Come? Non hai ancora scritto la lettera? -

   - ....

3. Come? Non hai ancora avvertito la signora Maria? -

   - ....

4. Come? Non hai ancora pulito la macchina? -

   - ....

5. Come? Non hai ancora fatto la telefonata? -

   - ....

6. Come? Non hai ancora stirato la camicia? -

   - ....

Esercizio n. 105

1. Rimani ancora con noi? *(andare)* -

    - ....

2. Non vieni piú al campeggio con noi? *(rinunciare)* -

    - ....

3. Signorina, deve fare la fila! *(chiedere un'informazione urgente)* -

    - ....

4. Assaggi un pezzo di torta? *(fare la dieta)* -

    - ....

5. Signore, la riunione è finita! *(ancora dire due parole)* -

    - ....

6. Già parti? *(prendere il treno delle 9)* -

    - ....

NONO PERCORSO OPERATIVO

> - Indicativo: **imperfetto, trapassato prossimo**
> - **avverbio/aggettivo**
> - **bello, quello**
> - **sapere / conoscere**
> - Funzioni e atti linguistici: **esprimere paura, entusiasmo, preferenza**

Esercizio n. 106

> *Stimolo:* - Finalmente Giorgio è qui; ma dove **era** poco fa? *(al bar)*
> *Risposta:* - **Era** al bar.

1. Finalmente Giorgio è qui; ma dove era poco fa? *(al bar)* -

   - ....

2. Finalmente Giorgio è a lezione; ma dove era ieri? *(a casa)* -

   - ....

3. Finalmente Giorgio è in Italia; ma dove era l'anno passato? *(in Francia)* -

   - ....

4. Finalmente Giorgio è a casa; ma dove era il mese scorso? *(in vacanza)* -

   - ....

5. Finalmente Giorgio è al lavoro; ma dove era la settimana scorsa? *(in ferie)* -

    - ....

6. Finalmente Giorgio è in classe; ma dove era l'ora precedente? *(in biblioteca)* -

    - ....

Esercizio n. 107

Stimolo: - Perché non siete rimasti? *(non avere tempo)*
Risposta: - Perché non **avevamo** tempo.

1. Perché non siete rimasti? *(non avere tempo)* -

    - ....

2. Perché non avete mangiato? *(non avere appetito)* -

    - ....

3. Perché non siete partiti? *(non avere la macchina)* -

    - ....

4. Perché non avete bevuto? *(non avere sete)* -

    - ....

5. Perché non avete scritto a Maria? *(non avere l'indirizzo)* -

    - ....

6. Perché non siete venuti al cinema? *(non avere soldi)* -

Esercizio n. 108

Stimolo: - Dove **andavi** quando ti ho incontrato? *(al supermarket)*
Risposta: - **Andavo** al supermarket.

1. Dove andavi quando ti ho incontrato? *(al supermarket)* -

    - ....

2. Che cosa facevi quando ti ho telefonato? *(dormire)* -

    - ....

3. Che cosa facevi quando sono arrivato? *(scrivere)* -

    - ....

4. Che cosa facevi quando ti ho visto? *(parlare con il direttore)* -

- ....

5. Che cosa facevi quando è entrato il direttore? *(spiegare la lezione)* -

- ....

6. Che cosa facevi quando ti ho incontrato alla stazione? *(partire per l'estero)* -

- ....

Esercizio n. 109

Stimolo: - Con chi **parlavi** mentri **aspettavi** l'autobus? *(con un'amica inglese)*
Risposta: - **Parlavo** con un'amica inglese.

1. Con chi parlavi mentre aspettavi l'autobus? *(con un'amica inglese)* -

- ....

2. A chi pensavi mentre facevi l'esercizio? *(alla fidanzata)* -

- ....

3. Cosa cantavi mentre ti vestivi? *(una vecchia canzone)* -

- ....

4. Che cosa leggevi mentre il professore spiegava? *(un giornale sportivo)* -

- ....

5. Dove andavi mentre pioveva? *(alla posta)* -

- ....

6. A chi telefonavi mentre pranzavamo? *(al medico)* -

- ....

Esercizio n. 110

Stimolo: - Dove abiti quando sei al mare?
Risposta: - Dove **abitavi** quando **eri** al mare?

1. Dove abiti quando sei al mare? - ....

2. Dove vai quando sei sola? - ....

3. Dove passi le vacanze quando sei libera? - ....

4. Che cosa fai quando non lavori? - ....

5. Che cosa mangi quando sei a casa? - ....

6. Che cosa fai quando sei in Italia? - ....

Esercizio n. 111

Stimolo: - Ho fame, mangio il panino che ha preparato mia madre.
Risposta: - **Avevo** fame, **ho mangiato** il panino che **aveva preparato** mia madre.

1. Ho fame, mangio il panino che ha preparato mia madre. -

   - ....

2. Sono in vacanza, finalmente leggo il libro che ho comprato da tempo. -

   - ....

3. Sono libero, rispondo alle lettere che ho ricevuto da qualche giorno. -

   - ....

4. Il tempo è brutto, rimango a casa per studiare la lezione che il professore ha spiegato. -

   - ....

5. Sono con gli amici, guardo le foto che ho fatto in montagna. -

   - ....

6. Sto male, prendo le medicine che ho portato da casa. -

   - ....

Esercizio n. 112

Stimolo: - Vuoi leggere **quel bel** libro?
Risposta: - Sì, ho tanta voglia di leggere quel bel libro.

1. Vuoi leggere quel bel libro? -

   - ....

2. Vuoi comprare quel bel quadro? -

   - ....

3. Vuoi vedere quel bel film? -

‑ ....

4. Vuoi conoscere quel bel ragazzo? -

‑ ....

5. Vuoi fare quel bel viaggio? -

‑ ....

6. Vuoi visitare quel bel castello? -

‑ ....

Esercizio n. 113

Stimolo: - Conoscere - studente.
Risposta: - Desidero conoscere **quello** studente.

1. Conoscere - studente. - ....

2. Vedere - spettacolo. - ....

3. Visitare - studio. - ....

4. Comprare - specchio. - ....

5. Incontrare - straniero. - ....

6. Correggere - sbaglio. - ....

Esercizio n. 114

Stimolo: - Questi libri?
Risposta: - Sì, voglio **sapere** quanto costano questi libri.

1. Questi libri? - ....

2. Questi stivali? - ....

3. Questi bicchieri? - ....

4. Questi quadretti? - ....

5. Questi francobolli? - ....

6. Questi vasi? - ....

Esercizio n. 115

> *Stimolo:* - Hai speso **molto**? *(soldi)*
> *Risposta:* - Sì, ho speso **molti soldi.**

1. Hai speso molto? *(soldi)* - ....
2. Hai mangiato molto? *(spaghetti)* - ....
3. Hai dormito molto? *(ore)* - ....
4. Hai girato molto? *(paesi)* - ....
5. Hai fumato molto? *(sigarette)* - ....
6. Hai letto molto? *(romanzi)* - ....

Esercizio n. 116

> *Stimolo:* - Hai studiato **tanto** *(filosofia)*
> *Risposta:* - Hai studiato **tanta filosofia.**

1. Hai studiato tanto. *(filosofia)* - ....
2. Hai suonato molto. *(musica)* - ....
3. Hai risparmiato poco. *(soldi)* - ....
4. Hai speso troppo. *(denaro)* - ....
5. Hai vissuto tanto in Italia. *(anni in Italia)* - ....
6. Hai ricevuto parecchio. *(regali)* - ....

Funzioni e atti linguistici

Esercizio n. 117

> *Stimolo:* - Perché non ti decidi ad andare dal dentista? *(del trapano)*
> *Risposta:* - Perché **ho tanta paura del** trapano.

1. Perché non ti decidi ad andare dal dentista? *(del trapano)* -

  - ....

2. Perché dormi con la luce accesa? *(del buio)* -

  - ....

3. Perché non vieni a vedere quel vecchio castello? *(dei fantasmi)* -

   - ....

4. Perché non vuoi andare in cantina? *(dei topi)* -

   - ....

5. Perché non vuoi andare con l'aereo? *(dell'aereo)* -

   - ....

6. Perché non vieni mai a farmi visita? *(del tuo cane)* -

   - ....

Esercizio n. 118

Stimolo: - La musica.
Risposta: - **Vado pazzo per** la musica.

1. La musica. - ....

2. Lo sport. - ....

3. Il jazz. - ....

4. Il pianoforte. - ....

5. Il poker. - ....

6. I film gialli. - ....

Esercizio n. 119

Stimolo: - Che film vuoi vedere? *(un film giallo)*
Risposta: - **Ho una gran voglia di** vedere un film giallo.

1. Che film vuoi vedere? *(un film giallo)* -

   - ....

2. Che disco vuoi comprare? *(un disco di Vivaldi)* -

   - ....

3. Che concerto vuoi ascoltare? *(un concerto di Pavarotti)* -

   - ....

4. Che canzone vuoi ascoltare? *(una canzone del mio Paese)* -

   - ....

5. Chi vuoi rivedere? *(i miei compagni di scuola)* -

   - ....

DECIMO PERCORSO OPERATIVO

> - **Pronomi diretti** e **'ne'** con tempi composti
> - Verbi **fare e sapere**
> - Funzioni e atti linguistici: **esprimere pazienza e rassegnazione**

Esercizio n. 120

> *Stimolo:* - Hai già visto quel bel film?
> *Risposta:* - Sì, **l'ho già visto.**

1. Hai già visto quel bel film? -

   - ....

2. Hai già ascoltato il telegiornale? -

   - ....

3. Hai già invitato quell'amico inglese? -

   - ....

4. Hai già chiamato il taxi? -

   - ....

5. Hai già comprato quel paio di jeans? -

   - ....

6. Hai già conosciuto il nuovo professore? -

   - ....

Esercizio n. 121

> *Stimolo:* - Hai già prenotato la camera?
> *Risposta:* - No, non **l'ho** ancora **prenotata.**

1. Hai già prenotato la camera? - ....

2. Hai già svegliato Luisa? - ....

3. Hai già scritto la lettera? - ....

4. Hai già letto la rivista di moda? - ....

5. Hai già visitato la cattedrale della città? - ....

6. Hai già ricevuto la telefonata di Mario? - ....

Esercizio n. 122

> *Stimolo:* - Avete preso i biglietti?
> *Risposta:* - No, non **li abbiamo presi.**

1. Avete preso i biglietti? - ....

2. Avete chiamato i vostri amici? - ....

3. Avete prenotato i posti in aereo? - ....

4. Avete accompagnato i signori Rossi? - ....

5. Avete corretto gli esercizi? - ....

6. Avete scelto i vestiti per il carnevale? - ....

74

Esercizio n. 123

Stimolo: - Incontra le amiche e le saluta.
Risposta: - Ha incontrato le amiche e **le ha salutate.**

---

1. Incontra le amiche e le saluta. -

   - ....

2. Ascolta le lezioni e le ripete. -

   - ....

3. Scrive le cartoline e le spedisce. -

   - ....

4. Vede le ragazze e le invita. -

   - ....

5. Fa le foto e le mostra agli amici. -

   - ....

6. Prende le valigie e le porta in macchina. -

   - ....

Esercizio n. 124

Stimolo: - Quante lettere hai scritto?
Risposta: - **Ne ho scritta una.**

---

1. Quante lettere hai scritto? - ....
2. Quante fotografie hai scattato? - ....
3. Quante amiche hai invitato? - ....
4. Quante ragazze hai incontrato? - ....
Quante paste hai mangiato? - **Non ne ho mangiata nessuna.**
5. Quante paste hai mangiato? - ....
6. Quante telefonate hai fatto? - ....
7. Quante mostre hai visitato? - ....
8. Quante birre hai bevuto? - ....

Esercizio n. 125

Stimolo: - Hai accompagnato gli amici alla stazione?
Risposta: - Sì, **ce li ho accompagnati.**

1. Hai accompagnato gli amici alla stazione? - ....
2. Hai riportato i giornali in biblioteca? - ....
3. Hai mandato i vestiti in lavanderia? - ....
4. Hai messo i libri nello scaffale? - ....
5. Hai rimesso i vestiti nell'armadio? - ....
6. Hai messo i fiori nel vaso? - ....

Esercizio n. 126

Stimolo: - Una festa.
Risposta: - Voglio **fare** una festa.

1. Una festa. - ....
2. Un viaggio. - ....
3. Colazione al bar. - ....
4. L'ingegnere. - ....
5. Il medico. - ....
6. Una passeggiata. - ....

Esercizio n. 127

Stimolo: - Fare qui.
Risposta: - **Che cosa c'è da** fare qui?

1. Fare qui. - ....
2. Bere in frigo. - ....
3. Mangiare oggi. - ....
4. Vedere in questa città. - ....

5. Comprare per il pic-nic. - ....

6. Ridere per così poco. - ....

Esercizio n. 128

Stimolo: - **Sai** guidare l'auto?
Risposta: - No, non **so guidarla.**

1. Sai guidare l'auto? - ....

2. Sai suonare la chitarra? - ....

3. Sai fare le tagliatelle? - ....

4. Sai preparare gli spaghetti? - ....

5. Sai parlare il giapponese? - ....

6. Sai scrivere l'arabo? - ....

Funzioni e atti linguistici

Esercizio n. 129

Stimolo: - Devo lavorare e non ne ho proprio voglia!
Risposta: - **Pazienza, che posso farci** se devi lavorare?

1. Devo lavorare e non ne ho proprio voglia! -

- ....

2. Sto male! -

- ....

3. Non studiano mai! -

- ....

4. Lavora troppo! -

- ....

5. Non lo sopportano! -

- ....

6. Lo trovo antipatico! -

- ....

Festa di Compleanno

Silvia, che vuole organizzare una festa di Compleanno, telefona all'amica Chiara.

Silvia domanda a Chiara se può andare a casa sua nel pomeriggio per parlare di alcune cose, ma Chiara deve andare insieme a sua madre dal dentista.

L'appuntamento (per cho) è per il giorno dopo alle nove.

Le due ragazzi ~~de chidono~~ decidono di fare la festa nella casa di campagna del nonno. Anche i genitori di Silvia pensano la stessa cosa.

Invitano tutti il loro compagni di scuola, i cugini Marcello e Piero che vengono con le loro fidanzate e un amico inglese che viene da Londra.

78 In tutto ventiquattro invitati.

UNDICESIMO PERCORSO OPERATIVO

> - **Condizionale semplice**
> - **Condizionale composto**
> - **Volerci**
> - Funzioni e atti linguistici: **esprimere desiderio, assicurarsi che ci si è spiegati**

Esercizio n. 130

Stimolo: - Domenica andiamo al lago, **verreste** con noi?
Risposta: - **Verremmo** volentieri con voi, ma non possiamo.

1. Domenica andiamo al lago, verreste con noi? -

  - ....

2. Noi restiamo qui, restereste con noi? -

  - ....

3. Noi torniamo la prossima settimana, tornereste con noi? -

  - ....

4. Stasera ceniamo fuori, cenereste con noi? -

  - ....

5. Abbiamo bisogno, ci aiutereste? -

-   ....

6. Frequentiamo un corso di spagnolo, lo frequentereste con noi? -

-   ....

Esercizio n. 131

> *Stimolo:* - Parlare con Lei.
> *Risposta:* - Scusi, **potrei** parlare con Lei?

1. Parlare con Lei. - ....
2. ChiederLe un'informazione. - ....
3. Fare una telefonata. - ....
4. Avere un gettone. - ....
5. Pagare con un assegno. - ....
6. Sapere dove è la toilette. - ....
7. Ritirare la raccomandata. - ....
8. Avere il conto. - ....

Esercizio n. 132

> *Stimolo:* - Un medico?
> *Risposta:* - Sì, **avrebbe bisogno** di un medico.

1. Un medico? - ....
2. Un consiglio? - ....
3. Una vacanza? - ....
4. Un'aspirina? - ....
5. Un po' di riposo? - ....
6. Un periodo di svago? - ....

Esercizio n. 133

Stimolo: - Devo ripetere il corso?
Risposta: - Sì, **avresti bisogno di** ripetere il corso.

1. Devo ripetere il corso? -

   - ....

2. Devo fare più attenzione? -

   - ....

3. Devo comprare un vocabolario? -

   - ....

4. Devo studiare di più? -

   - ....

5. Devo leggere molto? -

   - ....

6. Devo fare molta conversazione? -

   - ....

Esercizio n. 134

Stimolo: - Che cosa ho fatto?
Risposta: - Già, **vorrei proprio sapere** che cosa hai fatto!

1. Che cosa ho fatto? - ....

2. Che cosa ho scritto? - ....

3. Che cosa ho letto? - ....

4. Chi ho visto? - ....

5. Chi ho salutato? - ....

6. Chi ho invitato? - ....

Esercizio n. 135

Stimolo: - Sta fuori fino a tardi.
Risposta: - Già, ma non **dovrebbe** stare fuori fino a tardi!

1. Sta fuori fino a tardi. - ....
2. Perde troppo tempo. - ....
3. Fuma troppo. - ....
4. Beve troppi alcolici. - ....
5. Prende tanti caffè. - ....
6. Si stanca troppo. - ....

Esercizio n. 136

Stimolo: - Una lunga vacanza.
Risposta: - **Mi ci vorrebbe** una lunga vacanza!

1. Una lunga vacanza. -
   - ....
2. Una buona cura. -
   - ....
3. Un lavoro fisso. -
   - ....
4. Un appartamento più grande. -
   - ....

Quelle informazioni. - **Mi ci vorrebbero** quelle informazioni!
5. Quelle informazioni. -
   - ....
6. Ancora due settimane di tempo. -
   - ....
7. Più soldi per quell'affare. -
   ....
8. Dei vestiti nuovi. -
   ....

Esercizio n. 137

Stimolo: - Perché non hai studiato? *(sono arrivati degli ospiti)*
Risposta: - **Avrei studiato,** ma sono arrivati degli ospiti.

1. Perché non hai studiato? *(sono arrivati degli ospiti)* -

   - ....

2. Perché non hai letto un po'? *(non avevo niente di interessante da leggere)* -

   - ....

3. Perché non hai aspettato? *(avevo molta fretta)* -

   - ....

4. Perché non hai scritto? *(non avevo niente di importante da dirti)* -

   - ....

5. Perché non hai pagato? *(non avevo il libretto degli assegni)* -

   - ....

6. Perché non hai dormito? *(c'era troppo rumore in strada)* -

   - ....

Esercizio n. 138

Stimolo: - Perché non siete usciti? *(faceva cattivo tempo)* -
Risposta: - **Saremmo usciti,** ma faceva cattivo tempo.

1. Perché non siete usciti? *(faceva cattivo tempo)* -

   - ....

2. Perché non siete rimasti al mare? *(pioveva sempre)* -

   - ....

3. Perché non siete partiti per le vacanze? *(c'é stato un contrattempo)* -

   - ....

4. Perché non siete arrivati puntuali? *(si é rotta la macchina)* -

   - ....

5. Perché non siete andati a Londra? *(c'era lo sciopero degli aerei)* -

- ....

6. Perché non siete restati a casa? *(ci ha invitati Giovanna)* -

- ....

Esercizio n. 139

Stimolo: - Suona il pianoforte? *(pianista)*
Risposta: - Sì, è un bravo **pianista.**

1. Suona il pianoforte? *(pianista)* -

- ....

2. Conosce la musica? *(musicista)* -

- ....

3. Ripara apparecchi elettrici? *(elettricista)* -

- ....

4. Lavora in un giornale? *(giornalista)* -

- ....

Suonano il pianoforte? - Sì, sono bravi **pianisti.**

5. Suonano il pianoforte? *(pianisti)* -

- ....

6. Conoscono la musica? *(musicisti)* -

- ....

7. Lavorano in un giornale? *(giornalisti)* -

....

8. Si intendono di elettricità? *(elettricisti)* -

....

Funzioni e atti linguistici

Esercizio n. 140

> *Stimolo:* - Il medico?
> *Risposta:* - Sì, **mi piacerebbe fare** il medico.

1. Il medico? - ....
2. L'ingegnere? - ....
3. L'architetto? - ....
4. Lo scienziato? - ....
5. L'astronauta? - ....
6. L'esploratore? - ....

Esercizio n. 141

> *Stimolo:* - Un medico.
> *Risposta:* - **Vorrei diventare un bravo** medico.

1. Un medico. - ....
2. Un ingegnere. - ....
3. Un architetto. - ....
4. Un tecnico. - ....
5. Uno scienziato. - ....
6. Un pittore. - ....

Esercizio n. 142

> *Stimolo:* - Dovrei leggere di più?
> *Risposta:* - Già, devi leggere di più. **È chiaro?**

1. Dovrei leggere di più? - ....
2. Dovrei studiare di più? - ....

3. Dovrei fare più esercizi? - ....

4. Dovrei applicarmi di più? - ....

5. Dovrei esercitarmi di piú? - ....

6. Dovrei viaggiare di più? - ....

DODICESIMO PERCORSO OPERATIVO

> - **Pronomi indiretti dativi**
> - Verbi **piacere** e **dispiacere**
> - **Pronomi accoppiati**
> - Funzioni e atti linguistici: **esprimere perplessità, diniego; chiedere un favore, acconsentire alla richiesta**

Esercizio n. 143

> *Stimolo:* - Devi telefonare a tua madre.
> *Risposta:* - Certamente, **le** telefonerò appena possibile.

1. Devi telefonare a tua madre. -

   - ....

2. Devi rispondere alla tua amica inglese. -

   - ....

3. Devi scrivere a tua sorella. -

   - ....

4. Devi parlare alla padrona di casa. -

  - ....

Devi telefonare a tuo padre. - Certamente, **gli** telefonerò appena possibile.

5. Devi telefonare a tuo padre. -

  - ....

6. Devi rispondere al tuo amico. -

  - ....

7. Devi scrivere a tuo fratello. -

  - ....

8. Devi parlare al padrone di casa. -

  - ....

Esercizio n. 144

Stimolo: - Che cosa **mi** dici? *(di sì)*
Risposta: - **Ti** dico di sì.

1. Che cosa mi dici? *(di sì)* - ....
2. Che cosa mi racconti? *(la verità)* - ....
3. Che cosa mi offri? *(una tazza di cioccolato)* - ....
4. Che cosa mi prepari? *(un panino con prosciutto)* - ....
5. Che cosa mi regali? *(una penna)* - ....
6. Che cosa mi consigli? *(di affittare la casa)* - ....

Esercizio n. 145

Stimolo: - Che cosa **ci** offri? *(un gelato)*
Risposta: - **Vi** offro un gelato.

1. Che cosa ci offri? *(un gelato)* - ....
2. Che cosa ci rispondi? *(di no)* - ....

3. Che cosa ci regali? *(una serie di francobolli)* - ....

4. Che cosa ci proponi? *(un soggiorno in Italia)* - ....

5. Che cosa ci prepari? *(un piatto speciale)* - ....

6. Che cosa ci consegni? *(le chiavi di casa)* - ....

Esercizio n. 146

Stimolo: - Che cosa hai offerto agli amici? *(del gin)*
Risposta: - **Gli** ho offerto del gin.

1. Che cosa hai offerto agli amici? *(del gin)* -

   - ....

2. Che cosa hai spedito ai tuoi cugini? *(una semplice cartolina)* -

   - ....

3. Che cosa hai regalato agli zii? *(una bottiglia di vino)* -

   - ....

4. Che cosa hai mandato ai tuoi genitori? *(un pacco di prodotti locali)* -

   - ....

5. Che cosa hai prestato ai tuoi amici? *(la mia macchina)* -

   - ....

6. Che cosa hai dato a quei ragazzi? *(dei giornali sportivi)* -

   - ....

Esercizio n. 147

Stimolo: - Le piace la musica?
Risposta: - Sì, **mi piace** molto la musica.

1. Le piace la musica? - ....

2. Le piace la pizza? - ....

3. Le piace l'Italia? - ....

4. Le piace guidare? - ....

5. Le piace leggere? - ....

6. Le piace ballare? - ....

Esercizio n. 148

Stimolo: - Bello questo quadro!
Risposta: - **Le piace** veramente questo quadro?

1. Bello questo quadro! - ....

2. Bello questo spettacolo! - ....

3. Bella questa borsa! - ....

4. Bella questa casa! - ....

Belli questi fiori! - **Le piacciono** veramente questi fiori?

5. Belli questi fiori! - ....

6. Belli questi regali! - ....

7. Belli questi dischi! - ....

8. Belli questi quadri! - ....

Esercizio n. 149

Stimolo: - **Ti è piaciuto** quel regalo?
Risposta: - Sai, quel regalo non **mi è piaciuto** molto.

1. Ti è piaciuto quel regalo? - ....

2. Ti è piaciuto quel libro? - ....

3. Ti è piaciuto quello spettacolo? - ....

4. Ti è piaciuto quel film? - ....

Ti è piaciuta Firenze? - Ah sì, Firenze **mi è piaciuta** molto.

5. Ti è piaciuta Firenze? - ....

6. Ti è piaciuta la commedia? - ....

7. Ti è piaciuta la visita al museo? - ....

8. Ti è piaciuta la vacanza? - ....

Esercizio n. 150

Stimolo: - Vi serve l'auto?
Risposta: - No, non **ci** serve l'auto.

1. Vi serve l'auto? - ....

2. Vi occorre aiuto? - ....

3. Vi sembra bello? - ....

4. Vi manca il passaporto? - ....

5. Vi va bene così? - ....

6. Vi pare giusto? - ....

Esercizio n. 151

Stimolo: - Mi dai un passaggio per Venezia?
Risposta: - Sì, **te lo** do volentieri.

1. Mi dai un passaggio per Venezia? - ....

2. Mi presti quel libro? - ....

3. Mi versi il vino? - ....

4. Mi presenti quel tuo amico? - ....

Mi offri una birra? - Sì, **te la** offro.

5. Mi offri una birra? - ....

6. Mi prepari la colazione? - ....

7. Mi dici la verità? - ....

8. Mi racconti una barzelletta? - ....

Esercizio n. 152

Stimolo: - Abbiamo bisogno di quei libri. Quando **ce li** riporti?
Risposta: - **Ve li** riporto domani.

1. Abbiamo bisogno di quei libri. Quando ce li riporti? -

   - ....

2. Abbiamo bisogno di quei dischi. Quando ce li rendi? -

   - ....

3. Abbiamo bisogno di quei documenti. Quando ce li dai? -

   - ....

4. Abbiamo bisogno di quegli appunti. Quando ce li spedisci? -

   - ....

Ci servono quelle notizie. Quando **ce le** dai? - **Ve le** do appena possibile.

5. Ci servono quelle notizie. Quando ce le dai? -

   - ....

6. Ci servono quelle macchine. Quando ce le mandi? -

   - ....

7. Ci servono quelle fotografie. Quando ce le invii? -

   - ....

8. Ci servono quelle riviste. Quando ce le riporti? -

   - ....

Esercizio n. 153

Stimolo: - Perché non scrivi una lettera a Mario?
Risposta: - Hai ragione, **gliela** scrivo subito.

1. Perché non scrivi una lettera a Mario? -

   - ....

2. Perché non riporti la penna a Mario? -

   - ....

3. Perché non presti la macchina a Mario? -

- ....

4. Perché non mandi la fotografia a Mario? -

- ....

Perché non consegni il pacco a Maria? - Hai ragione, **glielo** consegno subito.

5. Perchè non consegni il pacco a Maria? -

- ....

6. Perché non riporti il libro a Maria? -

- ....

7. Perché non presti il disco a Maria? -

- ....

8. Perché non restituisci il denaro a Maria? -

- ....

Esercizio n. 154

Stimolo: - I ragazzi aspettano quei libri. Quando **glieli** mandi?
Risposta: - Ma **glieli** mando subito.

1. I ragazzi aspettano quei libri. Quando glieli mandi? -

- ....

2. I ragazzi cercano quegli indirizzi. Quando glieli fornisci? -

- ....

3. I ragazzi vogliono quei dischi. Quando glieli dai? -

- ....

4. I ragazzi desiderano quegli esercizi. Quando glieli prepari? -

- ....

Le ragazze vogliono quelle informazioni. Quando **gliele** dai? - Ma **gliele** do subito.

5. Le ragazze vogliono quelle informazioni. Quando gliele dai? -

- ....

6. Le ragazze desiderano quelle fotografie. Quando gliele mandi? -

- ....

7. Le ragazze aspettano quelle chiavi. Quando gliele riconsegni? -

- ....

8. Le ragazze cercano quelle riviste. Quando gliele riporti? -

- ....

Esercizio n. 155

Stimolo: - Mi piacciono quelle camicie.
Risposta: - Se ti piacciono, **te ne** compro una.

1. Mi piacciono quelle camicie. -

- ....

2. Mi piacciono quelle cravatte. -

- ....

3. Mi piacciono quelle riviste. -

- ....

4. Mi piacciono quei dischi. -

- ....

5. Mi piacciono quei quadri. -

- ....

6. Mi piacciono quei vasi. -

- ....

Esercizio n. 156

Stimolo: - Puoi prepararmi quel progetto?
Risposta: - Mi dispiace, ma ancora non posso **preparartelo.**

1. Puoi prepararmi quel progetto? -

- ....

2. Puoi restituirmi quel disco? -

- ....

3. Puoi riportarmi quel libro? -

 - ....

4. Puoi prestarmi il dizionario? -

 - ....

Puoi darmi quella chiave? - Mi dispiace, ma non posso **dartela.**

5. Puoi darmi quella chiave? -

 - ....

6. Puoi prestarmi la tua macchina? -

 - ....

7. Puoi consegnarmi la lettera? -

 - ....

8. Puoi mostrarmi quella foto? -

 - ....

Funzioni e atti linguistici

Esercizio n. 157

Stimolo: - Il libro.
Risposta: - Gli presti il libro? **Ma te lo restituirà?**

---

1. Il libro. - ....

2. La bicicletta. - ....

3. La moto. - ....

4. Le riviste. - ....

5. I dischi. - ....

6. I giornali. - ....

Esercizio n. 158

> *Stimolo:* - **Che sogno** una macchina nuova!
> *Risposta:* - Comprare una macchina nuova? **Neanche a pensarci!**

1. Che sogno una macchina nuova! -

   - ....

2. Che sogno una moto nuova! -

   - ....

3. Che sogno una casa più grande! -

   - ....

4. Che sogno un nuovo stereo! -

   - ....

5. Che sogno un videoregistratore! -

   - ....

6. Che sogno un motorino! -

   - ....

Esercizio n. 159

> *Stimolo:* - Scusi, **Le dispiacerebbe** chiudere la porta?
> *Risposta:* - **Ma Le pare?** La chiudo subito!

1. Scusi, Le dispiacerebbe chiudere la porta? -

   - ....

2. Scusi, Le dispiacerebbe spegnere la sigaretta? -

   - ....

3. Scusi, Le dispiacerebbe prendere quella bottiglia? -

   - ....

4. Scusi, Le dispiacerebbe aprire la finestra? -

   - ....

5. Scusi, Le dispiacerebbe chiamare la segretaria? -

   - ....

6. Scusi, Le dispiacerebbe ripetere la spiegazione? -

   - ....

TREDICESIMO PERCORSO OPERATIVO

> - **Pronomi accoppiati nei tempi composti**
> - **Pronomi indiretti tonici**
> - Funzioni e atti linguistici: **chiedere, confermare, porre un fatto come non conveniente**

Esercizio n. 160

> *Stimolo:* - Che cosa hai restituito a Maria? *(il libro)*
> *Risposta:* - **Le** ho restituito il libro.

1. Che cosa hai restituito a Maria? *(il libro)* -

   - ....

2. Che cosa hai chiesto alla signorina? *(un appuntamento)* -

   - ....

3. Che cosa hai domandato alla ragazza? *(un'indicazione)* -

   - ....

4. Che cosa hai illustrato alla signora? *(il programma)* -

   - ....

Che cosa hai mandato al professore? *(un pacco)* - **Gli** ho mandato un pacco.

5. Che cosa hai mandato al professore? *(un pacco)* -

    - ....

6. Che cosa hai prestato a Mario? *(il registratore)* -

    - ....

7. Che cosa hai detto al direttore? *(tutto)* -

    - ....

8. Che cosa hai regalato a tuo figlio? *(un orologio)* -

    - ....

Esercizio n. 161

Stimolo: - Dimmi, che cosa ti ha detto Paolo? *(che tutto va bene)*
Risposta: - **Mi** ha detto che tutto va bene.

1. Dimmi, che cosa ti ha detto Paolo? *(che tutto va bene)* -

    - ....

2. Dimmi, che cosa ti ha raccontato quel ragazzo? *(una barzelletta)* -

    - ....

3. Dimmi, che cosa ti ha proibito tuo padre? *(di uscire)* -

    - ....

4. Dimmi, che cosa ti ha promesso tuo zio? *(un regalo)* -

    - ....

5. Dimmi, che cosa ti ha domandato quell'uomo? *(l'ora)* -

    - ....

6. Dimmi, che cosa ti ha indicato il vigile? *(la strada più corta)* -

    - ....

Esercizio n. 162

Stimolo: - E allora, che cosa vi ha suggerito? *(un buon ristorante)*
Risposta: - **Ci** ha suggerito un buon ristorante.

---

1. E allora, che cosa vi ha suggerito? *(un buon ristorante)* -

   - ....

2. E allora, che cosa vi ha riferito? *(tutto)* -

   - ....

3. E allora, che cosa vi ha consigliato? *(un nuovo romanzo)* -

   - ....

4. E allora, che cosa vi ha prestato? *(un registratore)* -

   - ....

5. E allora, che cosa vi ha consegnato? *(un documento)* -

   - ....

6. E allora, che cosa vi ha cucinato? *(una bistecca)* -

   - ....

Esercizio n. 163

Stimolo: - Dunque, che cosa ci fa vedere oggi? *(un documentario)*
Risposta: - **Vi** faccio vedere un documentario.

---

1. Dunque, che cosa ci fa vedere oggi? *(un documentario)* - ....

2. Dunque, che cosa ci spiega oggi? *(i verbi regolari)* - ....

3. Dunque, che cosa ci insegna oggi? *(gli articoli)* - ....

4. Dunque, che cosa ci assegna oggi? *(un tema)* - ....

5. Dunque, che cosa ci annuncia oggi? *(una bella notizia)* - ....

6. Dunque, che cosa ci raccomanda? *(la massima attenzione)* - ....

Esercizio n. 164

Stimolo: - Che cosa hai dato ai tuoi amici? *(una borsa)*
Risposta: - **Gli** ho dato una borsa. - Ho dato **loro** una borsa.

1. Che cosa hai dato ai tuoi amici? *(una borsa)* -

   - ....

2. Che cosa hai promesso ai tuoi figli? *(di portarli in montagna)* -

   - ....

3. Che cosa hai offerto agli ospiti? *(da bere)* -

   - ....

4. Che cosa hai riferito alle tue amiche? *(tutto)* -

   - ....

5. Che cosa hai consigliato alle ragazze? *(di aspettare)* -

   - ....

6. Che cosa hai raccomandato alle signorine? *(di essere puntuali)* -

   - ....

Esercizio n. 165

Stimolo: - **Le è piaciuta** l'Italia?
Risposta: - Sì, l'Italia **mi è piaciuta.**

1. Le è piaciuta l'Italia? - ....

2. Le è piaciuta la gita? - ....

3. Le è piaciuta la birra? - ....

4. Le è piaciuta la commedia? - ....

   Ti è piaciuto lo spettacolo? - Sì, lo spettacolo **mi è piaciuto.**

5. Ti è piaciuto lo spettacolo? - ....

6. Ti è piaciuto il regalo? - ....

6. Ti è piaciuto quel vino? - ....

8. Ti è piaciuto quel disco? - ....

Esercizio n. 166

1. Vi sono piaciuti quei quadri? -

   - ....

2. Vi sono piaciuti quei libri? -

   - ....

3. Vi sono piaciuti quei fiori? -

   - ....

4. Vi sono piaciuti quei romanzi? -

   - ....

   Vi sono piaciute quelle fotografie? - Sì, quelle fotografie **ci sono piaciute** veramente.

5. Vi sono piaciute quelle fotografie? -

   - ....

6. Vi sono piaciute quelle paste? -

   - ....

7. Vi sono piaciute quelle città? -

   - ....

8. Vi sono piaciute quelle ragazze? -

   - ....

Esercizio n. 167

1. Perché non comunichi la tua decisione a Mario? -

   - ....

2. Perché non consegni la posta allo studente? -

   - ....

3. Perché non ordini una birra al cameriere? -

   - ....

4. Perché non indichi la strada al signore? -

-   ....

Perché non concedi il permesso al tuo dipendente? - Ma **gliel'ho** già **concesso**.

5. Perché non concedi il permesso al tuo dipendente? -

-   ....

6. Perché non chiedi un prestito a tuo padre? -

-   ....

7. Perché non spieghi tutto al direttore? -

-   ....

8. Perché non presenti quel ragazzo a tuo zio? -

-   ....

Esercizio n. 168

Stimolo: - Avete già prestato i libri agli studenti?
Risposta: - Sì, **glieli abbiamo prestati**.

1. Avete già prestato i libri agli studenti? -

-   ....

2. Avete già inviato gli auguri ai professori? -

-   ....

3. Avete già chiesto gli indirizzi ai ragazzi? -

-   ....

4. Avete già prenotato i posti per i vostri cugini? -

-   ....

Avete già spedito le cartoline ai vostri genitori? - Sì, **gliele abbiamo spedite**.

5. Avete già spedito le cartoline ai vostri genitori? -

-   ....

6. Avete già mostrato le fotografie alle vostre amiche? -

-   ....

7. Avete già spedito le cartoline alle signorine? -

-   ....

8. Avete già mandato le rose alle signore? -

-   ....

Esercizio n. 169

1. Mi ripari la macchina? - ....
2. Mi prepari la valigia? - ....
3. Mi fai quella torta? - ....
4. Mi stiri la camicia? - ....

Mi prepari gli spaghetti? - Ma **te li** ho già **preparati.**

5. Mi prepari gli spaghetti? - ....
6. Mi restituisci i soldi? - ....
7. Mi compri i giornali? - ....
8. Mi correggi gli esercizi? - ....

Esercizio n. 170

1. Proprio perché Francesco ama i dischi, *(regalare alcuni)* -

- ....

2. Proprio perché il professore ama i dolci, *(mandare alcuni)* -

- ....

3. Proprio perché il mio amico ama quei quadri, *(mostrare alcuni)* -

- ....

4. Proprio perché il direttore ama i francobolli, *(inviare tanti)* -

- ....

5. Proprio perché Paolo ama i cioccolatini, *(offrire alcuni)* -

- ....

6. Proprio perché mia moglie ama i fiori, *(mandare tanti)* -

- ....

Esercizio n. 171

1. Visto che preferisci le rose, *(prendere una)* -

   - ....

2. Visto che ti piacciono le cravatte, *(comprare una)* -

   - ....

3. Visto che vuoi quelle riviste, *(portare una)* -

   - ....

4. Visto che ti piacciono le collane, *(acquistare una)* -

   - ....

5. Visto che ti piacciono le gite, *(organizzare una)* -

   - ....

6. Visto che cercavi una camera, *(prenotare una)* -

   ....

Funzioni e atti linguistici

Esercizio n. 172

1. Bello questo spettacolo! *(guardare)* - ....

2. Straordinario questo film! *(vedere)* - ....

3. Ottimo questo vino! *(bere)* - ....

4. Superbo questo brano musicale! *(ascoltare)* - ....

5. Bella questa strada! *(fare)* - ....

6. Grande questo parco! *(visitare)* - ....

Esercizio n. 173

> *Stimolo:* - Interessante questo libro! *(pagina)*
> *Risposta:* - Veramente interessante dalla prima all'ultima pagina.

1. Interessante questo libro! *(pagina)* -

   - ....

2. Interessante questo film! *(immagine)* -

   - ....

3. Interessante questo album! *(fotografia)* -

   - ....

4. Interessante questa conferenza! *(parola)* -

   - ....

5. Interessante questa rivista! *(riga)* -

   - ....

6. Interessante questa commedia! *(scena)* -

   - ....

Esercizio n. 174

> *Stimolo:* - Che ne dici, lo prendo? *(costa troppo)*
> *Risposta:* - Non ti conviene, costa troppo.

1. Che ne dici, lo prendo? *(costa troppo)* - ....

2. Che ne dici, lo compro? *(è troppo caro)* - ....

3. Che ne dici, lo mangio? *(non è cotto)* - ....

4. Che ne dici, ci vado? *(è troppo lontano)* - ....

5. Che ne dici, ci riprovo? *(non ne vale la pena)* - ....

6. Che ne dici, ci ritorno? *(è troppo tardi)* - ....

QUATTORDICESIMO PERCORSO OPERATIVO

- Imperativo: **Lei-Loro**
- Imperativo con **pronomi**
- Funzioni e atti linguistici: **esprimere con enfasi un bisogno, una necessità**

Esercizio n. 175

Stimolo: - Mi scusi, potrei telefonare?
Risposta: - Ma prego, **telefoni** pure.

1. Mi scusi, potrei telefonare? - ....

2. Mi scusi, potrei fumare? - ....

3. Mi scusi, potrei restare? - ....

4. Mi scusi, potrei passare? - ....

5. Mi scusi, potrei entrare? - ....

6. Mi scusi, potrei ritornare? - ....

Esercizio n. 176

> *Stimolo:* - Potrei rispondere?
> *Risposta:* - Certamente, **risponda** pure.

1. Potrei rispondere? - ....
2. Potrei scendere? - ....
3. Potrei smettere? - ....
4. Potrei scrivere? - ....
5. Potrei leggere? - ....
6. Potrei riassumere? - ....

Esercizio n. 177

> *Stimolo:* - Avrei bisogno di partire.
> *Risposta:* - Non c'è problema, **parta** pure.

1. Avrei bisogno di partire. - ....
2. Avrei bisogno di dormire. - ....
3. Avrei bisogno di salire. - ....
4. Avrei bisogno di uscire. - ....
5. Avrei bisogno di intervenire. - ....
6. Avrei bisogno di venire. - ....

Esercizio n. 178

> *Stimolo:* - È bene finire il lavoro.
> *Risposta:* - Giusto, **finisca** il lavoro.

1. È bene finire il lavoro. - ....
2. È bene inserire la scheda. - ....
3. È bene spedire la lettera. - ....

4. E bene stabilire un orario. - ....

5. È bene distribuire i moduli. - ....

6. È bene sostituire la lampada. - ....

Esercizio n. 179

Stimolo: - Non è permesso fumare in aula.
Risposta: - Non **fumi** in aula.

1. Non è permesso fumare in aula. - ....

2. Non è permesso parlare ad alta voce. - ....

3. Non è permesso correre nei corridoi. - ....

4. Non è permesso cantare nelle aule. - ....

5. Non è permesso calpestare i fiori. - ....

6. Non è permesso uscire in anticipo. - ....

Esercizio n. 180

Stimolo: - Se è necessario, vada.
Risposta: - Se è necessario, **vadano.**

1. Se è necessario, vada. - ....

2. Se è necessario, rimanga. - ....

3. Se è necessario, venga. - ....

4. Se è necessario, salga. - ....

5. Se è necessario, beva. - ....

6. Se è necessario, esca. - ....

Esercizio n. 181

Stimolo: - Vorrei fermarmi qualche giorno.
Risposta: - Va bene, **si fermi** qualche giorno.

1. Vorrei fermarmi qualche giorno. - ....
2. Vorrei riposarmi un po'. - ....
3. Vorrei alzarmi presto. - ....
4. Vorrei sistemarmi con calma. - ....
5. Vorrei sedermi qui. - ....
6. Vorrei iscrivermi domani. - ....

Esercizio n. 182

Stimolo: - Vorrei aspettare la signora.
Risposta: - Perché no, **l'aspetti** con comodo.

1. Vorrei aspettare la signora. - ....
2. Vorrei ascoltare la radio. - ....
3. Vorrei fumare una sigaretta. - ....
4. Vorrei preparare la valigia. - ....
Vorrei aspettare le amiche. - Perché no, **le aspetti** con comodo.
5. Vorrei aspettare le amiche. - ....
6. Vorrei guardare le foto. - ....
7. Vorrei leggere delle riviste. - ....
8. Vorrei scrivere delle lettere. - ....

Esercizio n. 183

Stimolo: - Desideriamo prendere un gelato.
Risposta: - **Lo prendano** pure.

1. Desideriamo prendere un gelato. - ....
2. Desideriamo fotocopiare questo articolo. - ....

3. Desideriamo attendere il risultato. - ....

4. Desideriamo prenotare un posto. - ....

Desideriamo cambiare dei dollari. - **Li cambino** pure.

5. Desideriamo cambiare dei dollari. - ....

6. Desideriamo informare i colleghi. - ....

7. Desideriamo salutare gli amici. - ....

8. Desideriamo visitare dei musei. - ....

Esercizio n. 184

Stimolo: - Vorrei telefonare ad un mio collega.
Risposta: - Prego, **gli telefoni**, se vuole.

1. Vorrei telefonare ad un mio collega. - ....

2. Vorrei parlare al padrone di casa. - ....

3. Vorrei rispondere al signore. - ....

4. Vorrei scrivere ad Antonio. - ....

Vorrei rispondere a Luisa. - Prego, **le risponda**, se vuole.

5. Vorrei rispondere a Luisa. - ....

6. Vorrei far visita a Claudia. - ....

7. Vorrei riferire alla professoressa. - ....

8. Vorrei scrivere a Luisa. - ....

Esercizio n. 185

Stimolo: - Offra un drink agli ospiti;
Risposta: - **glielo offra** subito.

1. Offra un drink agli ospiti; - ....

2. Segnali il guasto al tecnico; - ....

3. Annunci il programma ai visitatori; - ....

4. Consegni il telegramma al signore; - ....

Offra una birra alla nostra ospite; - **gliela offra** subito.

5. Offra una birra alla nostra ospite; - ....

6. Riferisca la notizia al giornalista; - ....

7. Racconti l'esperienza agli amici; - ....

8. Spieghi la situazione al tecnico; - ....

Esercizio n. 186

Stimolo: - Porti questi fiori alla signora;
Risposta: - **glieli porti** oggi.

1. Porti questi fiori alla signora; - ....

2. Consegni questi libri al bibliotecario; - ....

3. Restituisca gli elenchi all'usciere; - ....

4. Prepari i bagagli ai miei amici; - ....

Porti queste riviste alla signora; - **gliele porti** oggi.

5. Porti queste riviste alla signora; - ....

6. Sistemi le camere ai clienti; - ....

7. Presenti le pazienti al dottore; - ....

8. Prenoti le camere ai congressisti; - ....

Esercizio n. 187

Stimolo: - Se vuole andare al cinema, **ci vada;**
Risposta: - se non vuole, **non ci vada.**

1. Se vuole andare al cinema, ci vada; - ....

2. Se vuole venire a lezione, ci venga; - ....

3. Se vuole restare a casa, ci resti; - ....

4. Se vuole tornare alla pensione, ci torni; - ....

5. Se vuole salire in autobus, ci salga; - ....

6. Se vuole rimanere in città, ci rimanga; - ....

Funzioni e atti linguistici

Esercizio n. 188

> *Stimolo:* - Sono ore che non bevo; *(sete)*
> *Risposta:* - non **ne posso più** dalla sete.

1. Sono ore che non bevo; *(sete)* - ....
2. Ho una carie profonda; *(dolore)* - ....
3. È un'afa terribile; *(caldo)* - ....
4. Non dormo da due giorni; *(sonno)* - ....
5. Cammino da molte ore; *(stanchezza)* - ....
6. Non mangio da due giorni; *(fame)* - ....

Esercizio n. 189

> *Stimolo:* - C'è ancora molto da aspettare? *(cinque minuti)*
> *Risposta:* - No, guardi, **è questione di** cinque minuti.

1. C'è ancora molto da aspettare? *(cinque minuti)* -

   - ....
2. C'è ancora molto da scrivere? *(alcune righe)* -

   - ....
3. C'è ancora molto da fare? *(poche cose)* -

   - ....
4. C'è ancora molto da dire? *(poche parole)* -

   - ....
5. C'è ancora molto da camminare? *(pochi passi)* -

   - ....
6. C'è ancora molto da leggere? *(qualche pagina)* -

   - ....

QUINDICESIMO PERCORSO OPERATIVO

- Usi di **ci:**
- **riflessivo**
- **dativo (a noi)**
- **accusativo (noi)**
- **a ciò, a questa o quella cosa**
- **in questo o quel luogo**
- **essere-esistere-trovarsi**
  con questa o quella persona
- **pleonastico**
- **in locuzioni fisse**
- Funzioni e atti linguistici: **esprimere**
rassegnazione-rinuncia

Esercizio n. 190

Stimolo: - A che ora **vi svegliate** di solito? *(alle sette)*
Risposta: - **Ci** svegliamo alle sette.

1. A che ora vi svegliate di solito? *(alle sette)* -

   - ....

2. A che ora vi alzate la domenica? *(alle undici)* -

   - ....

3. Quando vi mettete a studiare? *(domani)* -

   - ....

4. Come vi recate alla stazione? *(a piedi)* -

   - ....

5. Che cosa vi mettete per la festa di Lucia? *(un abito elegante)* -

   - ....

6. Come vi divertite la domenica? *(giocando a tennis)* -

   - ....

Esercizio n. 191

Stimolo: - Che cosa **ci** porterà il papà da Venezia? *(un bel regalo)*
Risposta: - Forse **ci** porterà un bel regalo.

1. Che cosa ci porterà il papà da Venezia? *(un bel regalo)* -

   - ....

2. Che cosa ci dirà il professore? *(di studiare di più)* -

   - ....

3. Che cosa ci chiederà Marco? *(un favore)* -

   - ....

4. Che cosa ci offrirà Maria? *(un dolce)* -

   - ....

5. Che cosa ci spiegherà il professore? *(nuove regole di grammatica)* -

   - ....

6. Quando ci telefonerà Mario? *(all'ora di pranzo)* -

   - ....

Esercizio n. 192

Stimolo: - Perché Maria non **ci** saluta più? *(perché forse è arrabbiata con noi)*
Risposta: - Non **ci** saluta più perché forse é arrabbiata con noi.

1. Perché Maria non ci saluta più? *(perché forse è arrabbiata con noi)* -

   - ....

2. Perché il professore ci interroga sempre? *(per controllare la nostra preparazione)* -

   - ....

118

3. Perché Giovanna non ci invita più? *(perché è stanca di noi)* -

    - ....

4. Perché la zia Marta non ci chiama più? *(perché è offesa con noi)* -

    - ....

5. Perché lo zio Giorgio non ci accompagna al mare? *(perché è troppo occupato)* -

    - ....

6. Perché la nonna ci vuole sempre a casa sua? *(perché ci vuole bene)* -

    - ....

Esercizio n. 193

Stimolo: - Pensi ancora **a quel viaggio?**
Risposta: - No, ormai non **ci** penso più.

1. Pensi ancora a quel viaggio? -

    - ....

2. Pensi ancora al quel tuo progetto? -

    - ....

3. Credi ancora a quel lavoro? -

    - ....

4. Credi ancora in quella alternativa? -

    - ....

5. Speri ancora in quell'ipotesi? -

    - ....

6. Speri ancora in quella soluzione? -

    - ....

Esercizio n. 194

Stimolo: - Quando andrai **a teatro** la prossima volta? *(a settembre)*
Risposta: - **Ci** andrò a settembre.

1. Quando andrai a teatro la prossima volta? *(a settembre)* -

   - ....

2. Quanto resterai al mare? *(un mese)* -

   - ....

3. Quanto tempo starai in montagna? *(una settimana)* -

   - ....

4. Quando verrai da noi? *(la prossima domenica)* -

   - ....

5. Per quanto tempo rimarrai ospite dei Rossi? *(tre giorni)* -

   - ....

6. Per quanto tempo ti fermerai a Napoli? *(tutta l'estate)* -

   - ....

Esercizio n. 195

Stimolo: - Chi **c'era** alla festa di Lucia? *(molta gente)*
Risposta: - **C'era** molta gente.

1. Chi c'era alla festa di Lucia? *(molta gente)* -

   - ....

2. Chi c'era al matrimonio di Giovanni? *(tutti i parenti)* -

   - ....

3. Chi c'era al compleanno di Enrico? *(tutta la terza C)* -

   - ....

4. Chi c'era alla gita con te? *(il figlio del mio vicino)* -

   - ....

5. Chi c'era a cena con te ieri sera? *(uno zio di Milano)* -

   - ....

6. Chi c'era a teatro con voi? *(un amico di Firenze)* -

   - ....

Esercizio n. 196

Stimolo: - Come stai **con la nuova padrona di casa?** *(benissimo)*
Risposta: - **Ci** sto benissimo.

1. Come stai con la nuova padrona di casa? *(benissimo)* - ....
2. Come stai con Giovanna? *(abbastanza bene)* - ....
3. Come stai con il nuovo direttore? *(discretamente)* - ....
4. Come stai con il nuovo vicino? *(bene)* - ....
5. Come stai nella nuova casa? *(molto bene)* - ....
6. Come stai nel nuovo ufficio? *(tranquillo)* - ....

Esercizio n. 197

Stimolo: - Hai una sigaretta?
Risposta: - No, non **ce** l'ho.

1. Hai una sigaretta? - ....
2. Il tuo amico ha l'orario dei treni? - ....
3. Voi avete la pianta della città? - ....
4. Le signorine hanno l'indirizzo di Anna? - ....
5. Avete i fiammiferi? - ....
6. Gli studenti hanno gli appunti della lezione? - ....

Esercizio n. 198

1. Quanto tempo ci vuole per andare a Roma? *(tre ore)* -

    - ....

2. Quanto tempo ci vuole per raggiungere il centro? *(dieci minuti)* -

    - ....

3. Quanto tempo ci vuole per specializzarsi in cardiologia? *(tre anni)* -

    - ....

4. Quanto tempo ci vuole per finire questo lavoro? *(due settimane)* -

    - ....

Quanto ci vuole per acquistare quella macchina? -

- **Ci vuole** un mucchio di denaro.

5. Quanto ci vuole per acquistare quella macchina? *(un mucchio di denaro)* -

    ....

6. Quanto ci vuole per cambiare i mobili di casa? *(una grossa somma)* -

    - ....

7. Quanto ci vuole per costruire una villa? *(molto denaro)* -

    - ....

8. Quanto tempo ci vuole per imparare bene una lingua straniera? *(una vita)* -

    - ....

Funzioni e atti linguistici

Esercizio n. 199

1. Sai, non ha superato l'esame. -

    - ....

2. Sai, è partito senza salutare nessuno. -

    - ....

3. Sai, è rimasto senza lavoro. -

    - ....

4. Sai, sono rimasti senza cena. -

    - ....

5. Sai, non vuole prendere più le medicine. -

    - ....

6. Sai, vuole smettere di studiare. -

    - ....

SEDICESIMO PERCORSO OPERATIVO

> - Usi di **ne:**
> - **Partitivo**
> - **di lui, di lei...**
> - **di questo, di ciò...**
> - **da questo o quel luogo**
> - **pleonastico**
> - **in locuzioni fisse**
> - Funzioni e atti linguistici: **esprimere insofferenza, valutazione, incredulità, determinazione**

Esercizio n. 200

Stimolo: - Quanti caffè bevi al giorno? *(molti)*
Risposta: - **Ne** bevo molti.

1. Quanti caffè bevi al giorno? *(molti)* -

   - ....

2. Quanti studenti conosci? *(solo due)* -

   - ....

3. Quanti giornali leggi? *(uno)* -

   - ....

4. Quante cartoline scrivi? *(molte)* -

- ....

5. Quante camicie compri? *(tre)* -

- ....

6. Quante lingue straniere parli? *(una)* -

- ....

Esercizio n. 201

Stimolo: - Quanti fogli hai usato? *(molti)*
Risposta: - **Ne ho usati** molti.

1. Quanti fogli hai usato? *(molti)* - ....
2. Quanti libri hai letto? *(pochi)* - ....
3. Quanti esercizi hai fatto? *(uno)* - ....
4. Quanti sbagli hai fatto? *(tanti)* - ....

Quante città hai visitato? - **Ne ho visitate** molte.

5. Quante città hai visitato? *(molte)* - ....
6. Quante foto hai fatto? *(poche)* - ....
7. Quante sigarette hai fumato? *(una)* - ....
8. Quante ragazze hai invitato? *(tante)* - ....

Esercizio n. 202

Stimolo: - Che fa? Insegna in quella scuola? *(direttore)*
Risposta: - Sì, insegna in quella scuola e **ne** è il direttore.

1. Che fa? Insegna in quella scuola? *(direttore)* -

- ....

2. Che fa? Lavora in quell'ufficio? *(responsabile)* -

- ....

3. Che fa? Partecipa a quel film? *(regista)* -

- ....

4. Che fa? Abita in quel palazzo? *(proprietario)* -

  - ....

5. Che fa? Scrive quella commedia? *(protagonista)* -

  - ....

6. Che fa? Canta in quel coro? *(anche solista)* -

  - ....

Esercizio n. 203

Stimolo: - Che ne pensi del mio quadro? *(ben riuscito)*
Risposta: - **Che vuoi che ne pensi,** è veramente un quadro ben riuscito!

---

1. Che ne pensi del mio quadro? *(ben riuscito)* -

  - ....

2. Che ne pensi del mio progetto? *(interessante)* -

  - ....

3. Che ne pensi del mio disegno? *(strano)* -

  - ....

4. Che ne pensi del mio romanzo? *(entusiasmante)* -

  - ....

5. Che ne pensi del mio vestito? *(stravagante)* -

  - ....

6. Che ne pensi del mio appartamento? *(lussuoso)* -

  - ....

Esercizio n. 204

Stimolo: - Marco è uscito **di casa?** *(da poco)*
Risposta: - Sì, **ne** è uscito da poco.

---

1. Marco è uscito di casa? *(da poco)* - ....

2. Fabio è partito da Roma? *(da qualche giorno)* - ....

3. Piero è uscito dall'ufficio? *(qualche minuto fa)* - ....

4. Antonio è sceso dal treno? *(pochi istanti fa)* - ....

5. Emilio è tornato dal laboratorio? *(da parecchio tempo)* - ....

6. Lorenzo è fuggito di casa? *(da alcuni giorni)* - ....

Esercizio n. 205

Stimolo: - Chi si occupa **di questo problema?**
Risposta: - Se **ne** occupa lui.

1. Chi si occupa di questo problema? - ....

2. Chi si intende di economia? - ....

3. Chi si incarica del messaggio? - ....

4. Chi si informa dell'orario? - ....

5. Chi si interessa degli inviti? - ....

6. Chi si cura dell'organizzazione? - ....

Esercizio n. 206

Stimolo: - Perché scrivi spesso **di economia?** *(è importante)*
Risposta: - **Ne** scrivo, perché è importante.

1. Perché scrivi spesso di economia? *(è importante)* -

- ....

2. Perché discuti tanto di sport? *(mi piace)* -

- ....

3. Perché parli sempre di quel progetto? *(è interessante)* -

- ....

4. Perché dubiti delle mie parole? *(di solito dici bugie)* -

- ....

Perché ti interessi di politica? *(è utile)* -

- **Me ne** interesso, perché è utile.

5. Perchè ti interessi di politica? *(è utile)* -

....

6. Perché ti preoccupi della situazione? *(è incerta)* -

\- ....

7. Perché ti occupi di moda? *(è affascinante)* -

\- ....

8. Perché ti meravigli della crisi? *(è inaspettata)* -

\- ....

Esercizio n. 207

Stimolo: - Marco ha telefonato.
Risposta: - Ha telefonato? Non **ne** sapevo niente.

---

1. Marco ha telefonato. - ....

2. Silvana è andata via. - ....

3. Paolo ha vinto. - ....

4. Giovanni ancora non è tornato. - ....

5. Angelo è partito. - ....

6. Ha venduto la casa. - ....

Funzioni e atti linguistici

Esercizio n. 208

Stimolo: - Perché vuoi cambiare lavoro?
Risposta: - Perché **non ne posso più** di questo lavoro.

---

1. Perché vuoi cambiare lavoro? - ....

2. Perché vuoi cambiare casa? - ....

3. Perché vuoi cambiare città? - ....

4. Perché vuoi cambiare attività? - ....

5. Perché vuoi cambiare camera? - ....

6. Perché vuoi cambiare facoltà? - ....

Esercizio n. 209

Stimolo: - Non fai riparare la macchina?
Risposta: - Ripararla? **Non ne vale la pena.**

1. Non fai riparare la macchina? - ....

2. Non vuoi avvertire Lucia? - ....

3. Devi informare la polizia? - ....

4. Vuoi affittare questa camera? - ....

5. Devi conservare questa copia? - ....

6. Vuoi firmare la lettera? - ....

Esercizio n. 210

Stimolo: - Sai, Lina è partita.
Risposta: - **Non ci credo;** non voleva partire.

1. Sai, Lina è partita. - ....

2. Sai, è venuto anche Stefano. - ....

3. Sai, Elena ha telefonato. - ....

4. Sai, Fausto ha finalmente parlato. - ....

5. Sai, Lorenzo ha accettato. - ....

6. Sai, Giulio è già tornato. - ....

130

Esercizio n. 211

Stimolo: - Che fai, parti?
Risposta: - Sì, **devo proprio** partire.

1. Che fai, parti? - ....
2. Che fai, esci? - ....
3. Che fai, resti? - ....
4. Che fai, torni? - ....
5. Che fai, entri? - ....
6. Che fai, rinunci? - ....

DICIASSETTESIMO PERCORSO OPERATIVO

- **Imperativo: tu - noi - voi**
- **Imperativo: con pronomi e «ci»**
- **Imperativo: verbi irregolari**
- **Imperativo: con pronomi e particolarità ortografiche**
- **Andarsene**
- **Nomi alterati**
- Funzioni e atti linguistici: **tollerare, confermare, dare ragione, essere d'accordo**

Esercizio n. 212

Stimolo: - Se devi aspettare,
Risposta: - **aspetta.**

1. Se devi aspettare, - ....

2. Se devi lavorare, - ....

3. Se devi telefonare, - ....

4. Se devi mangiare, - ....

5. Se devi entrare, - ....

6. Se devi studiare, - ....

Esercizio n. 213

Stimolo: - Se vuoi rispondere,
Risposta: - **rispondi.**

---

1. Se vuoi rispondere, - ....

2. Se vuoi chiudere, - ....

3. Se vuoi scrivere, - ....

4. Se vuoi leggere, - ....

5. Se vuoi salire, - ....

6. Se vuoi partire, - ....

7. Se vuoi dormire, - ....

8. Se vuoi aprire, - ....

Esercizio n. 214

Stimolo: - Resta ancora un po'.
Risposta: - **Non restare più.**

---

1. Resta ancora un po'. - ....

2. Rimani ancora un po'. - ....

3. Aspetta ancora un po'. - ....

4. Cammina ancora un po'. - ....

5. Suona ancora un po'. - ....

6. Canta ancora un po'. - ....

Esercizio n. 215

Stimolo: - Che ne pensi, entriamo?
Risposta: - Sì, certo, **entriamo.**

1. Che ne pensi, entriamo? - ....
2. Che ne pensi, usciamo? - ....
3. Che ne pensi, restiamo? - ....
4. Che ne pensi, partiamo? - ....
5. Che ne pensi, telefoniamo? - ....
6. Che ne pensi, bussiamo? - ....

Esercizio n. 216

Stimolo: - Se volete correre, **correte.**
Risposta: - Se non volete correre, **non correte.**

1. Se volete correre, correte. - ....
2. Se volete rimanere, rimanete. - ....
3. Se volete salire, salite. - ....
4. Se volete scendere, scendete. - ....
5. Se volete smettere, smettete. - ....
6. Se volete fumare, fumate. - ....

Esercizio n. 217

Stimolo: - Se hai bisogno di riposarti,
Risposta: - **riposati.**

1. Se hai bisogno di riposarti, - ....
2. Se hai bisogno di lavarti, - ....
3. Se hai bisogno di fermarti, - ....

4. Se hai voglia di divertirti, - ....

5. Se hai voglia di accomodarti, - ....

6. Se hai voglia di sederti, - ....

Esercizio n. 218

> *Stimolo:* - Alzati!
> *Risposta:* - **Non alzarti.**

1. Alzati! - ....

2. Affrettati! - ....

3. Riposati! - ....

4. Fermati! - ....

5. Siediti! - ....

6. Sposati! - ....

Esercizio n. 219

> *Stimolo:* - È ora di alzarci.
> *Risposta:* - E allora **alziamoci.**

1. È ora di alzarci. - ....

2. È ora di sbrigarci. - ....

3. È ora di fermarci. - ....

4. È ora di prepararci. - ....

5. È ora di muoverci. - ....

6. È ora di salutarci. - ....

136

Esercizio n. 220

Stimolo: - Se desideri sposare Laura,
Risposta: - **sposala.**

1. Se desideri sposare Laura, - ....
2. Se desideri fumare una sigaretta, - ....
3. Se desideri mangiare una pizza, - ....
4. Se desideri cantare una canzone, - ....
5. Se desideri salutare Maria, - ....
6. Se desideri guardare la TV, - ....

Esercizio n. 221

Stimolo: - Se non vuoi cantare una canzone,
Risposta: - **non cantarla.**

1. Se non vuoi cantare una canzone, - ....
2. Se non vuoi chiudere la porta, - ....
3. Se non vuoi vendere la macchina, - ....
4. Se non vuoi prendere la metropolitana, - ....
5. Se non vuoi invitare Sandra, - ....
6. Se non vuoi comprare la rivista, - ....

Esercizio n. 222

Stimolo: - Se desideri invitare gli amici,
Risposta: - **invitali pure.**

1. Se desideri invitare gli amici, - ....
2. Se desideri leggere i giornali, - ....
3. Se desideri incontrare gli studenti, - ....

4. Se desideri accompagnare i parenti, - ....

5. Se desideri preparare i vestiti invernali, - ....

6. Se desideri aprire i finestrini, - ....

Esercizio n. 223

> *Stimolo:* - Se non desideri invitare le tue amiche,
> *Risposta:* - **non invitarle.**

1. Se non desideri invitare le tue amiche, - ....

2. Se non desideri ascoltare quelle cassette, - ....

3. Se non desideri salutare quelle signore, - ....

4. Se non desideri ospitare quelle persone, - ....

5. Se non desideri comprare quelle camicie, - ....

6. Se non desideri finire quelle ricerche, - ....

Esercizio n. 224

> *Stimolo:* - Se volete ascoltare la musica,
> *Risposta:* - **ascoltatela!**

1. Se volete ascoltare la musica, - ....

2. Se volete vedere la partita, - ....

3. Se volete pulire la casa, - ....

4. Se volete prendere la mia macchina, - ....

5. Se volete vendere la casa, - ....

6. Se volete guardare la televisione, - ....

Esercizio n. 225

> *Stimolo:* - Devi telefonare a Luigi!
> *Risposta:* - Dai, **telefonagli!**

1. Devi telefonare a Luigi! - ....
2. Devi scrivere a tuo padre! - ....
3. Devi rispondere a Paolo! - ....
4. Devi obbedire a tuo padre! - ....
5. Devi parlare a tua zia! Dai, parlale! - ....
6. Devi telefonare a Maria! - ....
7. Devi rispondere a tua sorella! - ....
8. Devi obbedire a tua madre! - ....

Esercizio n. 226

> *Stimolo:* - Se vuoi regalarmi un libro,
> *Risposta:* - **regalamelo!**

1. Se vuoi regalarmi un libro, - ....
2. Se vuoi prestarmi un vestito, - ....
3. Se vuoi portarmi un regalo, - ....
4. Se vuoi consegnarmi il tema, - ....
5. Se vuoi mostrarmi il tuo lavoro, - ....
6. Se vuoi chiedermi un favore, - ....

Esercizio n. 227

> *Stimolo:* - Se desideri regalargli dei fiori,
> *Risposta:* - **regalaglieli!**

1. Se desideri regalargli dei fiori, - ....
2. Se desideri prestargli i libri, - ....

3. Se desideri mandargli gli auguri, - ....

4. Se desideri consegnargli i verbali, - ....

5. Se desideri mostrargli i programmi, - ....

6. Se desideri presentargli gli amici, - ....

Esercizio n. 228

Stimolo: - Ha bisogno di denaro, *(darglielo)*
Risposta: - **dateglielo!**

1. Ha bisogno di denaro, *(darglierlo)* - ....

2. Ha bisogno del vocabolario, *(prestarglielo)* - ....

3. Ha bisogno del tuo indirizzo, *(comunicarglielo)* - ....

4. Ha bisogno di sapere il risultato, *(dirglielo)* - ....

5. Ha bisogno di un appuntamento, *(procurarglielo)* - ....

6. Ha bisogno di lavoro, *(trovarglielo)* - ....

Esercizio n. 229

Stimolo: - Se vuoi andare, va';
Risposta: - se non vuoi andare, **non andare.**

1. Se vuoi andare, va'; - ....

2. Se vuoi venire, vieni; - ....

3. Se vuoi dire, di'; - ....

4. Se vuoi fare attenzione, fa' attenzione! -

   - ....

5. Se vuoi stare zitto, sta' zitto; -

   - ....

6. Se vuoi dare l'esempio, da' l'esempio; -

   - ....

140

Esercizio n. 230

1. Se devi andare a scuola, vacci! -

   - ....

2. Se devi rimanere a casa, rimanici! -

   - ....

3. Se devi abitare a Perugia, abitaci! -

   - ....

4. Se devi entrare in classe, entraci! -

   - ....

5. Se devi restare in biblioteca, restaci! -

   - ....

6. Se devi tornare nel tuo paese, tornaci! -

   - ....

Esercizio n. 231

1. Se vuoi darmi una mano, - ....

2. Se vuoi dirmi la verità, - ....

3. Se vuoi farmi quella cortesia, - ....

4. Se vuoi darci una mano, - **daccela!**

5. Se vuoi dirci la verità, - ....

6. Se vuoi farci quella cortesia, - ....

Funzioni e atti linguistici

Esercizio n. 232

> *Stimolo:* - Te ne vuoi andare, **vattene!**
> *Risposta:* - Non te ne vuoi andare, **non te ne andare.**

1. Te ne vuoi andare, vattene! -

   - ....

2. Se ne vuole andare, se ne vada! -

   - ....

3. Vogliamo andarcene, andiamocene! -

   - ....

4. Volete andarvene, andatevene! -

   - ....

5. Se ne vogliono andare, se ne vadano! -

   - ....

Esercizio n. 233

> *Stimolo:* - Rallenta! È una strada proprio brutta!
> *Risposta:* - È vero, è una **stradaccia!**

1. Rallenta! È una strada proprio brutta! -

   - ....

2. Prendi l'ombrello! È una serata proprio brutta! -

   - ....

3. Prendi il cappotto! È una giornata proprio brutta! -

   - ....

4. Non ripeterla! È una parola proprio brutta! -

   - ....

Prendi l'impermeabile! E un tempo proprio brutto! - E un **tempaccio.**

5. Prendi l'impermeabile! È un tempo proprio brutto! -

   - ....

6. Non guardarlo! È un brutto film! -

   - ....

7. Non leggerlo! È un brutto libro! -

   ....

8. Non frequentarlo! È un brutto tipo! -

   ....

Esercizio n. 234

Stimolo: - È una casa piccola e carina.
Risposta: - Hai ragione, è veramente una bella **casetta.**

1. È una casa piccola e carina. - ....

2. È una villa piccola e carina. - ....

3. È una camicia di seta da donna. - ....

4. È un'isola piccola e carina. - ....

5. È una borsa piccola ed elegante. - ....

6. È una barca piccola e veloce. - ....

Esercizio n. 235

Stimolo: - È una macchina grande e potente.
Risposta: - Già, è proprio un **macchinone.**

1. È una macchina grande e potente. - ....

2. È una finestra alta e larga. - ....

3. È una porta davvero enorme. - ....

4. È un uomo alto e forte. - ....

5. È un ragazzo alto alto. - ....

6. È un ombrello molto grande. - ....

Esercizio n. 236

Stimolo: - Posso uscire? *(fa tempo cattivo)*
Risposta: - **Fa' come vuoi,** ma fa tempo cattivo.

1. Posso uscire? *(fa tempo cattivo)* - ....
2. Posso fumare? *(ti fa male)* - ....
3. Posso restare ancora? *(hai un appuntamento)* - ....
4. Me ne vado? *(ti pentirai)* - ....
5. Me ne mangio ancora? *(ti farà male lo stomaco)* - ....
6. Beviamo ancora un po'? *(ti ubriacherai)* - ....

Esercizio n. 237

Stimolo: - C'è un bambino sulla strada.
Risposta: - **Fa' attenzione** a quel bambino.

1. C'è un bambino sulla strada. - ....
2. C'è un autobus che passa. - ....
3. C'è un vaso di cristallo sul tavolo. - ....
4. C'è una curva pericolosa. - ....
5. C'è una bicicletta sulla destra. - ....
6. C'è una macchina allo stop. - ....

DICIOTTESIMO PERCORSO OPERATIVO

- Pronome relativo: **Che, Quale, Cui**

- Funzioni e atti linguistici: **esprimere una preferenza, una valutazione**

Esercizio n. 238

Stimolo: - Ho trovato un documento. Il documento era di Giorgio.
Risposta: - Il documento, **che** ho trovato, era di Giorgio.

1. Ho trovato un documento. Il documento era di Giorgio. -

- ....

2. Ho visto un film. Il film era molto interessante. -

- ....

3. Ho incontrato una ragazza. La ragazza era la vicina di casa. -

- ....

4. Ho visto un appartamento. L'appartamento era nuovo. -

- ....

5. Ho conosciuto alcune persone. Le persone erano distinte. -

- ....

6. Ho letto alcuni articoli. Gli articoli erano molto noiosi. -

- ....

Esercizio n. 239

Stimolo: - Mi piace più quella stanza. Ho visto ieri mattina quella stanza.
Risposta: - Mi piace più quella stanza **che** ho visto ieri mattina.

1. Mi piace più quella stanza. Ho visto ieri mattina quella stanza. -

- ....

2. Mi piace più quell'orologio sportivo. Ho comprato a Roma quell'orologio sportivo. -

- ....

3. Mi piace più quel libro giallo. Ho letto in vacanza quel libro giallo. -

- ....

4. Mi piacciono piú quelle ragazze. Ho invitato in discoteca quelle ragazze. -

- ....

5. Mi piacciono più quelle città. Ho visitato la scorsa settimana quelle città. -

- ....

6. Mi piacciono più quei jeans. Ho comprato al centro quei jeans. -

- ....

Esercizio n. 240

Stimolo: - Il ragazzo ha telefonato a Maria. Il ragazzo parla italiano.
Risposta: - Il ragazzo, **che** ha telefonato a Maria, parla italiano.

1. Il ragazzo ha telefonato a Maria. Il ragazzo parla italiano. -

- ....

2. Il treno va a Roma. Il treno parte alle otto. -

- ....

146

3. L'autobus va all'università. L'autobus passa per il centro. -

    - ....

4. Il signore lavora in banca. Il signore è mio vicino di casa. -

    - ....

5. La ragazza ti ha cercato. La ragazza viene sempre al bar. -

    - ....

6. La studentessa darà gli esami a giugno. La studentezza frequenta il primo anno di medicina.

    - ....

7. La segretaria ti ha salutato. La segretaria sta all'ufficio informazioni. -

    - ....

8. La casa ti piace tanto. La casa è dei miei amici. -

    - ....

Esercizio n. 241

Stimolo: - Che vestiti metti d'estate? *(ho comprato in Italia)*
Risposta: - Metto i vestiti **che** ho comprato in Italia.

---

1. Che vestiti metti d'estate? *(ho comprato in Italia)* -

    - ....

2. Che giornali preferisci? *(parlano di sport)* -

    - ....

3. Che esercizi stai facendo? *(ha assegnato ieri il professore)* -

    - ....

4. Che cravatte preferisci? *(ho visto in quel negozio al centro)* -

    - ....

5. Che ragazze accompagni in discoteca? *(frequentano la mia classe)* -

    - ....

6. Che valigie prendi? *(sono nell'armadio)* -

    - ....

Esercizio n. 242

> *Stimolo:* - Con quali soldi hai pagato? *(mi ha dato Marco)*
> *Risposta:* - Ho pagato con i soldi **che** mi ha dato Marco.

1. Con quali soldi hai pagato? *(mi ha dato Marco)* -

   - ....

2. A quali bambini hai portato un regalo? *(abitavano vicino a me)* -

   - ....

3. In quali aule hai insegnato? *(stanno al 2° piano)* -

   - ....

4. Di quali problemi hai parlato? *(hanno i giovani d'oggi)* -

   - ....

5. Da quali scaffali hai preso i libri? *(sono nello studio)* -

   - ....

6. Per quali motivi hai lasciato la camera? *(ben sapete)* -

   - ....

Esercizio n. 243

> *Stimolo:* - Ho incontrato la signora. Avevo offerto il posto in treno alla signora.
> *Risposta:* - Ho incontrato la signora **alla quale** avevo offerto il posto in treno.

1. Ho incontrato la signora. Avevo offerto il posto in treno alla signora. -

   - ....

2. Ho salutato la ragazza. Avevo regalato il biglietto del cinema alla ragazza. -

   - ....

3. Ho incontrato l'amica. Avevo dato un passaggio all'amica. -

   - ....

4. Ho parlato alla padrona di casa. Avevo pagato l'affitto l'altro ieri alla padrona di casa. -

   - ....

Ho saluto l'amico. Avevo fatto un piacere all'amico.

- Ho salutato l'amico **al quale** avevo fatto un piacere.

5. Ho salutato l'amico. Avevo fatto un piacere all'amico. -

- ....

6. Ho aspettato il professore. Avevo chiesto spiegazioni al professore. -

- ....

7. Ho visto il conoscente. Avevo dato un passaggio al conoscente. -

- ....

8. Ho parlato al signore. Avevo accesso una sigaretta al signore. -

- ....

Esercizio n. 244

Stimolo: - Conosci quel cameriere? *(ho dato una buona mancia)*
Risposta: - È il cameriere **a cui** ho dato una buona mancia.

1. Conosci quel cameriere? *(ho dato una buona mancia)* -

- ....

2. Conosci quel negoziante? *(ho ordinato il pane e il latte)* -

- ....

3. Conosci quel ragazzo? *(ho indicato la strada)* -

- ....

4. Conosci quell'autista? *(ho chiesto informazioni)* -

- ....

5. Conosci quella ragazza? *(ho prestato i libri)* -

- ....

6. Conosci quell'impiegata? *(ho pagato la tassa d'iscrizione)* -

- ....

7. Conosci quella signorina? *(ho parlato al ristorante)* -

- ....

8. Conosci quella signora? *(ho regalato un mazzo di fiori)* -

- ....

Esercizio n. 245

> *Stimolo:* - Bella quella ragazza! *(ballavo in discoteca)*
> *Risposta:* - Chi? Quella **con cui** ballavo in discoteca?

1. Bella quella ragazza! *(ballavo in discoteca)* -

   - ....

2. Bravo quello studente! *(studiavo i verbi)* -

   - ....

3. Simpatica quella signora! *(parlavo poco fa)* -

   - ....

4. Graziose quelle bambine! *(abbiamo passeggiato in centro)* -

   - ....

5. Divertenti quegli studenti! *(abbiamo preso l'aperitivo)* -

   - ....

6. Eleganti quei signori! *(abbiamo parlato di sport)* -

   - ....

Esercizio n. 246

> *Stimolo:* - Chi è quella signora? *(ho parlato del mio problema)*
> *Risposta:* - È la signora **con la quale** ho parlato del mio problema.

1. Chi è quella signora? *(ho parlato del mio problema)* -

   - ....

2. Chi è quella ragazza? *(ho parlato al telefono)* -

   - ....

3. Chi è quella studentessa? *(ho fatto il viaggio fino a Firenze)* -

   - ....

4. Chi è quella signorina? *(ho preso un aperitivo al bar)* -

   - ....

Chi sono quei signori? -

- Sono i signori **con i quali** sono stato al concerto.

5. Chi sono quei signori? *(sono stato al concerto)* -

   - ....

6. Chi sono quei bambini? *(ho passato il pomeriggio)* -

   - ....

7. Chi sono quegli studenti? *(ho fatto gli esami)* -

   - ....

8. Chi sono quei ragazzi? *(sono andato al cinema ieri)* -

   - ....

Esercizio n. 247

Stimolo: - Questo è un oggetto. Non puoi fare a meno di questo oggetto.
Risposta: - Questo è un oggetto **di cui** non puoi fare a meno.

---

1. Questo è un oggetto. Non puoi fare a meno di questo oggetto. -

   - ....

2. Questo è un vestito. Non puoi fare a meno di questo vestito. -

   - ....

3. Questa è una macchina. Non puoi fare a meno di questa macchina. -

   - ....

4. Questa è una persona. Non puoi fare a meno di questa persona. -

   - ....

5. Questi sono gli occhiali. Non puoi fare a meno di questi occhiali. -

   - ....

6. Questi sono i documenti. Non puoi fare a meno di questi documenti. -

   - ....

7. Questi sono i numeri di telefono. Non puoi fare a meno di questi numeri di telefono. -

   - ....

8. Questi sono i libri. Non puoi fare a meno di questi libri. -

   - ....

Esercizio n. 248

Stimolo: - Il film di cui discutiamo, è molto interessante.
Risposta: - Il film, **del quale** discutiamo, è molto interessante.

1. Il film, di cui discutiamo, è molto interessante. -

 - ....

2. Lo spettacolo, di cui tutti si interessano, è un concerto jazz. -

 - ....

3. Il treno, di cui molti si servono, è comodo e veloce. -

 - ....

4. L'attore, di cui i giornali si occupano, è un grande talento. -

 - ....

I vicini, di cui tutti parlano, sono persone gentili. -
- I vicini, **dei quali** tutti parlano, sono persone gentili.

5. I vicini, di cui tutti parlano, sono persone gentili. -

 - ....

6. I problemi, di cui ci occupiamo, sono molto gravi. -

 - ....

7. Gli articoli, di cui sto leggendo una sintesi, sono indispensabili per la ricerca. -

 - ....

8. I fatti, di cui dubiti, sono documentati. -

 - ....

Esercizio n. 249

Stimolo: - Vedi? Ecco il palazzo **dove** abito.
Risposta: - Vedi? Ecco il palazzo **in cui** abito.

1. Vedi? Ecco il palazzo dove abito. -

 - ....

2. Vedi? Ecco il bar dove vado ogni giorno. -

 - ....

3. Vedi? Ecco la stanza dove studio. -

- ....

4. Vedi? Ecco il luogo dove trascorro molte ore. -

- ....

Questo è il vaso dove mettono i fiori. -
- Questo è il vaso nel quale mettono i fiori.
5. Questo è il vaso dove mettoni i fiori. -

- ....

6. Questo è l'armadio dove mettono i vestiti. -

- ....

7. Questo è il cassetto dove nascondono i soldi. -

- ....

8. Questo è il paese dove sono nati. -

- ....

Esercizio n. 250

Stimolo: - Colonia è la città **da cui** vengo.
Risposta: - Colonia è la città **da dove** vengo.

1. Colonia è la città da cui vengo. -

- ....

2. Perugia è la città da cui partirò alla fine del mese. -

- ....

3. Questa è la finestra da cui osservo il panorama. -

- ....

4. Questa è la terrazza da cui ammiro la città. -

- ....

Maria è la vicina da cui vado ogni giorno. -
- Maria è la vicina **dalla quale** vado ogni giorno.
5. Maria è la vicina da cui vado ogni giorno. -

- ....

6. La ragazza, da cui sto andando, è la mia fidanzata. -

- ....

7. Ecco la segretaria da cui devi recarti per fare l'iscrizione. -

- ....

8. Non conosco la signora da cui ti fermi a pranzo. -

- ....

Funzioni e atti linguistici

Esercizio n. 251

Stimolo: - È meglio una vacanza al mare o in montagna? *(al mare)*
Risposta: - Per me **è meglio** una vacanza al mare.

---

1. È meglio una vacanza al mare o in montagna? *(al mare)* -

- ....

2. È meglio un bel film o un libro giallo? *(un bel film)* -

- ....

3. È meglio un viaggio in aereo o in nave? *(in nave)* -

- ....

4. È meglio un bicchiere di vino o una coca cola? *(un bicchiere di vino)* -

- ....

È meglio un piatto di spaghetti o una bistecca? -

- **Io preferisco** un piatto di spaghetti.

5. È meglio un piatto di spaghetti o una bistecca? *(un piatto di spaghetti)* -

- ....

6. È meglio un disco di musica classica o di musica leggera? *(un disco di musica classica)* -

- ....

7. È meglio una partita di calcio o di tennis? *(una partita di calcio)* -

- ....

8. È meglio un paio di jeans o una gonna? *(un paio di jeans)* -

- ....

Esercizio n. 252

Stimolo: - È un lavoro molto faticoso, **non ti pare?**
Risposta: - **Sarà faticoso**, ma a me piace.

1. È un lavoro molto faticoso, non ti pare? -

- ....

2. È uno spettacolo superficiale, non ti pare? -

- ....

3. È un ragazzo taciturno, non ti pare? -

- ....

4. È un professore severo, non ti pare? -

- ....

5. È uno sport poco conosciuto, non ti pare? -

- ....

6. È una ragazza molto semplice, non ti pare? -

DICIANNOVESIMO PERCORSO OPERATIVO

> - Pronome interrogativo: **chi**
> - Pronome indefinito: **chi, colui, colei, coloro che, ciò che, quello che, quanto**
> - Funzioni e atti linguistici: **esprimere ignoranza, inconsapevolezza, preferenza**

Esercizio n. 253

Stimolo: - **Colui che** si sente male deve andare dal medico.
Risposta: - **Chi** si sente male deve andare dal medico.

1. Colui che si sente male deve andare dal medico. -

   - ....

2. Colui che vuole l'attestato di frequenza deve andare in segreteria. -

   - ....

3. Colui che cerca trova. -

   - ....

4. Colui che guida con prudenza non ha incidenti. -

- ....

5. Colui che desidera salutare gli amici va alla stazione. -

- ....

6. Colui che trova un amico trova un tesoro. -

- ....

Esercizio n. 254

Stimolo: - **Le persone che** parlano troppo non ascoltano gli altri.
Risposta: - **Chi** parla troppo non ascolta gli altri.

1. Le persone che parlano troppo non ascoltano gli altri. -

- ....

2. Le persone che spendono troppo non hanno mai una lira. -

- ....

3. Le persone che hanno problemi non sorridono. -

- ....

4. Le persone che non lavorano non ottengono risultati. -

- ....

5. Le persone che guidano con prudenza non hanno incidenti. -

- ....

6. Le persone che pensano poco non risolvono i problemi. -

- ....

Esercizio n. 255

Stimolo: - **Coloro che** vogliono fare gli esami devono presentare la domanda.
Risposta: - **Chi** vuole fare gli esami deve presentare la domanda.

1. Coloro che vogliono fare gli esami devono presentare la domanda. -

- ....

2. Coloro che vogliono trovare un posto devono fare la prenotazione in anticipo. -

- ....

3. Coloro che fanno molto sport si mantengono giovani. -

- ....

4. Coloro che frequentano la piscina prendono molto sole. -

- ....

5. Coloro che vogliono andare alla partita devono fare i biglietti. -

- ....

6. Coloro che leggono molto sanno tante cose. -

- ....

Esercizio n. 256

Stimolo: - Chi è quella bambina? *(gioca tutti i giorni in giardino)*
Risposta: - È **quella che** gioca tutti i giorni in giardino.

1. Chi è quella bambina? *(gioca tutti i giorni in giardino)* -

- ....

2. Chi è quella ragazza? *(frequenta il conservatorio con mio fratello)* -

- ....

3. Chi è quella signora? *(organizza le escursioni)* -

- ....

4. Chi è quella donna? *(controlla i biglietti all'ingresso)* -

- ....

5. Chi è quella professoressa? *(insegna grammatica)* -

- ....

6. Chi è quell'attrice? *(abbiamo visto ieri sera in TV)* -

- ....

Esercizio n. 257

Stimolo: - Chi sono quelle ragazze? *(lavorano in biblioteca)*
Risposta: - Sono **quelle che** lavorano in biblioteca.

---

1. Chi sono quelle ragazze? *(lavorano in biblioteca)* -

   - ....

2. Chi sono quelle studentesse? *(studiano all'università per stranieri)* -

   - ....

3. Chi sono quelle signorine? *(abitano vicino a me)* -

   - ....

4. Chi sono quelle signore? *(hanno aperto un negozio di fiori)* -

   - ....

5. Chi sono quei cantanti? *(hanno fatto il concerto ieri sera)* -

   - ....

6. Chi sono quei professori? *(hanno fatto lezione a Giorgio)* -

   - ....

Esercizio n. 258

Stimolo: - Pensa **a chi** soffre!
Risposta: - Pensa **a coloro** che soffrono!

---

1. Pensa a chi soffre! -

   - ....

2. Telefona a chi vuole tue notizie! -

   - ....

3. Rispondi a chi ti ha scritto! -

   - ....

4. Sorridi a chi ti saluta! -

   - ....

5. Spiegalo a chi non ha capito! -

   - ....

6. Regalalo a chi ha bisogno di aiuto! -

- ....

Esercizio n. 259

Stimolo: - Non è sempre necessario scrivere **quanto** si dice.
Risposta: - Non è sempre necessario scrivere **ciò che** si dice.

1. Non è sempre necessario scrivere quanto si dice. -

- ....

2. Non è sempre utile ricordare quanto si legge. -

- ....

3. Non è sempre possibile fare quanto si desidera. -

- ....

4. Non è sempre piacevole fare quanto si deve. -

- ....

5. Non è sempre bello quanto si fa. -

- ....

6. Non è sempre interessante quanto si racconta. -

- ....

Esercizio n. 260

Stimolo: - Vorrei sapere **ciò che** ti diverte.
Risposta: - Vorrei sapere **quello che** ti diverte.

1. Vorrei sapere ciò che ti diverte. -

- ....

2. Vorrei ascoltare ciò che stai dicendo. -

- ....

3. Vorrei dire ciò che penso. -

- ....

4. Vorrei ritrovare ciò che ho perso. -

   - ....

5. Vorrei possedere ciò che hanno molti. -

   - ....

6. Vorrei capire bene ciò che state facendo. -

   - ....

Esercizio n. 261

Stimolo: - **Ciò che** dici non mi piace.
Risposta: - **Le cose che** dici non mi piacciono.

1. Ciò che dici non mi piace. -

   - ....

2. Ciò che pensi non mi interessa. -

   - ....

3. Ciò che sai non mi serve. -

   - ....

4. Ciò che sostieni non mi convince. -

   - ....

5. Ciò che affermi non mi offende. -

   - ....

6. Ciò che mi offri non mi basta. -

   - ....

Esercizio n. 262

Stimolo: - **Quello che** scrivi non va bene.
Risposta: - **Ciò che** scrivi non va bene.

1. Quello che scrivi non va bene. -

   - ....

2. Quello che pensi è sbagliato. -

   - ....

3. Quello che provi è vero amore. -

‾ ....

4. Quello che mi dici è assurdo. -

‾ ....

5. Quello che mangi fa bene alla salute. -

‾ ....

6. Quello che fai è molto bello. -

‾ ....

Funzioni e atti linguistici

Esercizio n. 263

> *Stimolo:* - Come sarà la proposta che ha fatto?
> *Risposta:* - **Quale** proposta? Non ne ho la minima idea.

1. Come sarà la proposta che ha fatto? -

‾ ....

2. Come sarà la sceneggiatura del nuovo film? -

‾ ....

3. Come sarà il programma che ha preparato? -

‾ ....

4. Come sarà il libro che ha comprato tua moglie? -

‾ ....

5. Come sarà l'albergo che ha prenotato? -

‾ ....

6. Come sarà l'articolo che ha scritto? -

‾ ....

Esercizio n. 264

Stimolo: - Questo golf è elegante.
Risposta: - Può essere elegante, ma **in ogni caso** preferisco l'altro.

1. Questo golf è elegante. -

   - ....

2. Questo cappotto è caldo. -

   - ....

3. Questo vestito è alla moda. -

   - ....

4. Questo professore è bravo. -

   - ....

5. Questa ragazza è attiva. -

   - ....

6. Questa macchina è confortevole. -

   - ....

VENTESIMO PERCORSO OPERATIVO

- Congiuntivo **Presente - Passato**
- **Verbi, espressioni, locuzioni e congiunzioni da cui dipende il congiuntivo**
- Funzioni e atti linguistici: **tranquillizzare**

Esercizio n. 265

Stimolo: - Luigi è a casa?
Risposta: - Sì, **penso che** Luigi **sia** a casa.

1. Luigi è a casa? - ....

2. Il direttore è in ufficio? - ....

3. Maria è in classe? - ....

4. La signora è a teatro? - ....

Dove sono i giornali? - **Credo che siano** sullo scaffale in basso.

5. Dove sono i giornali? *(sullo scaffale in basso)* - ....

6. Dove sono i tuoi compagni? *(al bar vicino)* - ....

7. Dove sono le camicie? *(nel cassetto dell'armadio)* - ....

8. Dove sono altre sedie? *(nell'aula di fronte)* - ....

Esercizio n. 266

1. Perché piange il bambino? *(avere caldo)* -

  - ....

2. Perché chiama? *(avere bisogno di aiuto)* -

  - ....

3. Perché Mario beve una birra? *(avere sete)* -

  - ....

4. Perché la signora corre? *(avere fretta)* -

  - ....

Forse quegli operai hanno bisogno di lavoro? -

Sì, **ritengo che** quegli operai **abbiano bisogno** di lavoro

5. Forse quegli operai hanno bisogno di lavoro? -

  - ....

6. Forse i tuoi amici hanno piacere di andare al lago? -

  - ....

7. Forse quei signori hanno molta esperienza? -

  - ....

8. Forse quelle ragazze hanno occasione di uscire? -

  - ....

Esercizio n. 267

1. Che cosa fa? Parla con il professore? -

  - ....

2. Che cosa fa? Cambia programma? -

  - ....

3. Che cosa fa? Consegna la chiave? -

- ....

4. Che cosa fa? Compra le camicie? -

- ....

Che cosa fanno? Accettano un passaggio? -
Sì, **mi pare che accettino** un passaggio.
5. Che cosa fanno? Accettano un passaggio? -

- ....

6. Che cosa fanno? Organizzano una festa? -

- ....

7. Che cosa fanno? Ordinano il pranzo? -

- ....

8. Che cosa fanno? Pagano con un assegno? -

- ....

Esercizio n. 268

Stimolo: - Mario legge quel libro? -
Risposta: - Non so; **spero che** lo **legga.**

1. Mario legge quel libro? -

- ....

2. Mario segue quel programma? -

- ....

3. Mario scrive quella lettera? -

- ....

4. Mario prende quelle medicine? -

- ....

Mario leggerà quel libro? - Non so; **spero che** lo **leggerà.**
5. Mario leggerà quel libro? -

- ....

6. Mario seguirà quel programma? -

- ....

7. Mario scriverà quella lettera? -

- ....

8. Mario prenderà quelle medicine? -

- ....

Esercizio n. 269

Stimolo: - Forse riparte presto?
Risposta: - Sì, **temo che riparta** presto.

1. Forse riparte presto? -

- ....

2. Forse avverte Luigi? -

- ....

3. Forse non capisce le nostre parole? -

- ....

4. Forse dorme troppo? -

- ....

Proibiranno lo spettacolo? - Sì, **ho paura che proibiscano** lo spettacolo.

5. Proibiranno lo spettacolo? -

- ....

6. Preferiranno ripartire? -

- ....

7. Finiranno tutto il dolce? -

- ....

8. Perderanno il treno? -

- ....

168

Esercizio n. 270

> *Stimolo:* - Conosci la ragazza bionda? *(averla mai vista)*
> *Risposta:* - No, **mi sembra di** non **averla** mai vista.

1. Conosci la ragazza bionda? *(averla mai vista)* -

   - ....

2. Conosci questo articolo? *(averlo mai letto)* -

   - ....

3. Ricordi quella frase? *(averla mai detta)* -

   - ....

4. Sai questa notizia? *(averla mai sentita)* -

   - ....

Ricordi tutto? - Al contrario, **ho l'impressione di** non **ricordare** niente.

5. Ricordi tutto? -

   - ....

6. Sai tutto? -

   - ....

7. Conosci tutto? -

   - ....

8. Capisci tutto? -

   - ....

Esercizio n. 271

> *Stimolo:* - Hai l'influenza?
> *Risposta:* - Sì, **temo di avere** l'influenza.

1. Hai l'influenza? -

   - ....

2. Devi partire presto? -

   - ....

3. Arrivi tardi? -

- ....

4. Ti addormenti tardi? -

- ....

Stai male? - Sì, **credo di stare** male.

5. Stai male? -

- ....

6. Hai la febbre? -

- ....

7. Sai farlo? -

- ....

8. Puoi aspettare? -

- ....

Esercizio n. 272

> *Stimolo:* - Ti preparo un tè o un caffè? *(caffè)*
> *Risposta:* - **Preferisco che tu mi prepari** un caffè.

1. Ti preparo un tè o un caffè? *(un caffè)* -

- ....

2. Ti do un bicchiere di vino o un liquore? *(un bicchiere di vino)* -

- ....

3. Ti servo un'aranciata o una coca cola? *(una coca cola)* -

- ....

4. Ti offro un gelato o una pasta? *(un gelato)* -

- ....

Vieni al cinema? -

- No, **preferisco restare** a casa.

5. Vieni al cinema? *(restare a casa)* -

- ....

6. Vieni a trovarci stasera? *(venire domani sera)* -

    - ....

7. Saluti qui i ragazzi? *(accompagnarli alla stazione)* -

    - ....

8. Paghi adesso l'affitto? *(pagarlo la settimana prossima)* -

    - ....

Esercizio n. 273

Stimolo: - Dobbiamo uscire subito.
Risposta: - Sì, **voglio che usciate** subito.

---

1. Dobbiamo uscire subito. -

    - ....

2. Dobbiamo andare con loro. -

    - ....

3. Dobbiamo sentire che cosa pensa Luigi. -

    - ....

4. Dobbiamo salire a piedi. -

    - ....

Che cosa vogliono i vostri genitori?

- **Desiderano che impariamo** l'italiano al più presto.

5. Che cosa vogliono i vostri genitori? *(imparare l'italiano al piú presto)* -

    - ....

6. Che cosa vogliono Carlo e Lucia? *(andare a teatro con loro)* -

    - ....

7. Che cosa vogliono i ragazzi? *(giocare con loro)* -

    - ....

8. Che cosa vogliono i tuoi nonni? *(andare a trovarli)* -

    - ....

Esercizio n. 274

Stimolo: - Veniamo domani?
Risposta: - Sì, **bisogna che veniate** domani.

---

1. Veniamo domani? -

    - ....

2. Arriviamo con il treno delle otto? -

    - ....

3. Portiamo l'automobile? -

    - ....

4. Correggiamo la composizione? -

    - ....

Ha telefonato a Milano? -

- Ancora no, ma **occorre che telefoni** subito.

5. Ha telefonato a Milano? *(subito)* -

    - ....

6. Ha finito? *(immediatamente)* -

    - ....

7. È partito? *(quanto prima)* -

    - ....

8. Ha deciso? *(al più presto)* -

    - ....

Esercizio n. 275

Stimolo: - Hanno vinto molto?
Risposta: - **Si dice che abbiano vinto** molto.

---

1. Hanno vinto molto? - ....

2. Hanno perso tutto? - ....

3. Hanno venduto tutto? - ....

172

4. Hanno trovato un buon lavoro? - ....

Ha vinto molto? - **Dicono che abbia vinto** molto.

5. Ha vinto molto? - ....

6. Ha perso tutto? - ....

7. Ha venduto tutto? - ....

8. Ha trovato un buon lavoro? - ....

Esercizio n. 276

1. Il conferenziere non è venuto. -

- ....

2. È ritornato all'improvviso. -

- ....

3. È caduto per le scale. -

- ....

4. Si è ammalato. -

- ....

Sono finiti i biglietti. - **Si dice che** siano finiti i biglietti.

5. Sono finiti i biglietti. -

- ....

6. Sono successi fatti strani. -

- ....

7. Sono accadute cose insolite. -

- ....

8. Sono cominciati i corsi straordinari. -

- ....

Esercizio n. 277

> *Stimolo:* - Hanno proibito quel film.
> *Risposta:* - **È bene che** lo **abbiano proibito.**

1. Hanno proibito quel film. -

   - ....

2. Hanno finito quel lavoro. -

   - ....

3. Hanno concesso il permesso. -

   - ....

4. Hanno aperto il museo. -

   - ....

5. Hanno chiarito quel problema. -

   - ....

6. Hanno terminato quell'esperimento. -

   - ....

Esercizio n. 278

> *Stimolo:* - Dov'è Mario? *(partire)*
> *Risposta:* - Non so, ma è **facile che sia partito.**

1. Dov'è Mario? *(partire)* -

   - ....

2. Dov'è il gatto? *(nascondersi sotto il letto)* -

   - ....

3. Dov'è il nonno? *(andare a riposare)* -

   - ....

4. Dov'è il professore? *(entrare in classe)* -

   - ....

5. Dov'è il direttore? *(fermarsi in segreteria)* -

   - ....

6. Dov'è il cameriere? *(recarsi in cucina)* -

   - ....

Esercizio n. 279

Stimolo: - Gianni è già arrivato. È partito solo ieri.
Risposta: - Gianni è già arrivato, **quantunque sia partito** solo ieri.

---

1. Gianni è già arrivato. È partito solo ieri. -

   - ....

2. Non ha incontrato gli amici. Li ha aspettati a lungo. -

   - ....

3. È sempre un bravo ragazzo. È molto cambiato. -

   - ....

4. Non ha ringraziato nessuno. Sono stati gentili con lui. -

   - ....

5. Non ha soldi per il viaggio. Ha risparmiato molto. -

   - ....

6. Non ha trovato posto in treno. Ha prenotato. -

   - ....

Esercizio n. 280

Stimolo: - Ricordati di studiare il congiuntivo. *(finire il corso)*
Risposta: - Ricordati di studiare il congiuntivo **prima che** il corso **finisca.**

---

1. Ricordati di studiare il congiuntivo. *(finire il corso)* -

   - ....

2. Ricordati di finire il lavoro. *(arrivare gli amici)* -

   - ....

3. Ricordati di organizzare una festa. *(partire le ragazze)* -

- ....

4. Ricordati di andare in banca. *(finire i soldi)* -

- ....

Spegni la luce e poi esci. - **Prima di uscire** spegni la luce.

5. Spegni la luce e poi esci. -

- ....

6. Fa colazione e poi esci. -

- ....

7. Prepara un buon pranzo e poi invita i compagni. -

- ....

8. Chiedi se lo spettacolo è interessante e poi compra i biglietti. -

- ....

Funzioni e atti linguistici

Esercizio n. 281

Stimolo: - Non posso crederci. Ho mille dubbi.
Risposta: - **Via,** non pensare a questi dubbi, **lascia perdere!**

1. Non posso crederci. Ho mille dubbi. -

- ....

2. Non posso essere contento. Ho mille problemi. -

- ....

3. Non posso ritornare. Ho mille ricordi qui. -

- ....

4. Non posso venire. Ho mille cose da fare. -

- ....

5. Non posso partire. Ho mille impegni che mi trattengono. -

- ....

6. Non posso studiare. Ho mille preoccupazioni per la mente. -

- ....

VENTUNESIMO PERCORSO OPERATIVO

> - Congiuntivo **Imperfetto - Trapassato**
> - **Verbi, espressioni, locuzioni e congiunzioni da cui dipende il congiuntivo**
> - Funzioni e atti linguistici: **esprimere intenzione, determinazione, ammirazione, opinione, disprezzo, preferenza**

Esercizio n. 282

Stimolo: - Non aveva molta fretta.
Risposta: - Io invece **credevo che avesse** molta fretta.

1. Non avevo molta fretta. -

- ....

2. Non aveva molta paura. -

- ....

3. Non aveva molta fantasia. -

- ....

4. Non aveva molta pazienza. -

- ....

Non avevano molto freddo. -

- Io invece **credevo che avessero** molto freddo

5. Non avevano molto freddo. -

   - ....

6. Non avevano molto sonno. -

   - ....

7. Non avevano molto successo. -

   - ....

8. Non avevano molto coraggio. -

   - ....

Esercizio n. 283

Stimolo: - Maria era al mare. *(in montagna)*
Risposta: - Già, e tu **pensavi che fosse** in montagna.

1. Maria era al mare. *(in montagna)* -

   - ....

2. Mio padre era in casa. *(in ufficio)* -

   - ....

3. Il mio maestro era in classe. *(in biblioteca)* -

   - ....

4. La signorina era in segreteria. *(al bar)* -

   - ....

Ma dove cercavi le cravatte? - **Pensavo che fossero** nel cassetto.

5. Ma dove cercavi le cravatte? *(nel cassetto)* -

   - ....

6. Ma dove cercavi le gonne? *(sulla poltrona)* -

   - ....

7. Ma dove cercavi le scarpe? *(nel comodino)* -

   - ....

8. Ma dove cercavi i vestiti? *(nell'armadio)* -

   - ....

Esercizio n. 284

Stimolo: - Avevate dei problemi?
Risposta: - Forse **pensavi che** non **avessimo** problemi?

1. Avevate dei problemi? -

  - ....

2. Avevate dei segreti? -

  - ....

3. Avevate degli amici sinceri? -

  - ....

4. Avevate dei documenti interessanti? -

  - ....

Avevamo delle domande da fare. -

- Ah sì? **Pensavamo che** non **aveste** domande da fare.

5. Avevamo delle domande da fare. -

  - ....

6. Avevamo delle indicazioni da dare. -

  - ....

7. Avevamo delle riviste da leggere. -

  - ....

8. Avevamo delle spiegazioni da fornire. -

  - ....

Esercizio n. 285

Stimolo: - Non sono contenti del viaggio.
Risposta: - Strano, **mi pareva che fossero** contenti del viaggio.

1. Non sono contenti del viaggio. -

  - ....

2. Non sono felici di partire. -

  - ....

3. Non sono liberi di scegliere. -

-   ....

4. Non sono decisi a partire. -

-   ....

Non erano sicuri di vincere. -

- Strano, **supponevo che fossero sicuri** di vincere.

5. Non erano sicuri di vincere.

-   ....

6. Non erano contenti di venire. -

-   ....

7. Non erano stanchi di lavorare. -

-   ....

8. Non erano certi di restare. -

-   ....

Esercizio n. 286

Stimolo: - Che cosa faceva? Telefonava?
Risposta: - Non **ero sicura che telefonasse.**

1. Che cosa faceva? Telefonava? -

-   ....

2. Che cosa faceva? Ascoltava? -

-   ....

3. Che cosa faceva? Lavorava? -

-   ....

4. Che cosa faceva? Studiava? -

-   ....

Che cosa facevano? Telefonavano? -

- Non **ero sicuro che telefonassero.**

5. Che cosa facevano? Telefonavano?

-   ....

6. Che cosa facevano? Ascoltavano? -

-   ....

7. Che cosa facevano? Lavoravano? -

-   ....

8. Che cosa facevano? Studiavano? -

-   ....

Esercizio n. 287

Stimolo: - Mi pare impossibile **che lui abbia perduto** quella occasione.
Risposta: - Mi pareva impossibile **che lui avesse perduto** quella occasione.

---

1. Mi pare impossibile che lui abbia perduto quella occasione. -

-   ....

2. Mi pare impossibile che lui abbia rinunciato a questa opportunità. -

-   ....

3. Mi pare impossibile che lui abbia conosciuto quella storia. -

-   ....

4. Mi pare impossibile che lui abbia sposato quella ragazza. -

-   ....

5. Mi pare impossibile che lui abbia raccontato quelle cose. -

-   ....

6. Mi pare impossibile che lui abbia perso tanto tempo. -

-   ....

Esercizio n. 288

Stimolo: - Hanno preparato il pranzo.
Risposta: - Tu pensavi che non lo **avessero preparato.**

---

1. Hanno preparato il pranzo. -

-   ....

2. Hanno accettato l'incarico. -

-   ....

3. Hanno acceso il fuoco. -

- ....

4. Hanno scelto il programma. -

- ....

Vi siete interessati dell'avvenimento. -
- Tu **pensavi che** non ce ne **fossimo interessati?**
5. Vi siete interessati dell'avvenimento. -

- ....

6. Vi siete occupati di quel lavoro. -

- ....

7. Vi siete ricordati di telefonare. -

- ....

8. Vi siete preoccupati dei problemi di Luigi. -

- ....

Esercizio n. 289

> *Stimolo:* - Credo che mi aspetterai.
> *Risposta:* - Credevo che mi **avresti aspettato.**

1. Credo che mi aspetterai. -
- ....

2. Credo che mi presenterai la tua ragazza. -

- ....

3. Credo che mi riconoscerai. -

- ....

4. Credo che mi raggiungerai in centro. -

- ....

5. Credo che supererai l'esame. -

- ....

6. Credo che farai bella figura. -

- ....

Esercizio n. 290

Stimolo: - Ecco, siamo arrivati!
Risposta: - Finalmente! **Dicevano che** non **sareste** mai **arrivati.**

1. Ecco, siamo arrivati! -

 - ....

2. Ecco, ci siamo accorti dello sbaglio! -

 - ....

3. Ecco, abbiamo capito la situazione! -

 - ....

4. Ecco, abbiamo risolto il problema! -

 - ....

Ecco, ho telefonato! -

- Finalmente! **Dicevano che** non **avresti** più **telefonato.**

5. Ecco, ho telefonato! -

 - ....

6. Ecco, ho ripreso il lavoro! -

 - ....

7. Ecco, ho preso moglie! -

 - ....

8. Ecco, ho preso la laurea! -

 - ....

Esercizio n. 291

Stimolo: - Non aveva studiato. Era stato ugualmente promosso.
Risposta: - **Sebbene** non **avesse studiato,** era stato ugualmente promosso.

1. Non aveva studiato. Era stato ugualmente promosso. -

 - ....

2. Non si era svegliato in tempo. Aveva preso ugualmente il treno. -

 - ....

183

3. Non aveva ritrovato la chiave. Aveva aperto ugualmente la porta. -

   - ....

4. Non aveva aperto la finestra. Entrava ugualmente vento. -

   - ....

Aveva compreso il tuo discorso. Non aveva ascoltato tutto. -
- Aveva compreso il tuo discorso **sebbene non avesse ascoltato** tutto.

5. Aveva compreso tutto il tuo discorso. Non aveva ascoltato tutto. -

   - ....

6. Aveva sposato Maria. Non aveva compiuto ancora diciotto anni. -

   - ....

7. Era arrivato ugualmente in tempo. Aveva perso l'autobus. -

   - ....

8. Aveva accompagnato a casa la signorina. Aveva avuto problemi di tempo. -

   - ....

Funzioni e atti linguistici

Esercizio n. 292

Stimolo: - Che cosa fai? Ti sposi? *(sposarmi)*
Risposta: - Eh sì! **Mi sono messo in testa di** sposarmi.

---

1. Che cosa fai? Ti sposi? *(sposarmi)* -

   - ....

2. Che cosa fai? Lasci questa città? *(andare a vivere a Parigi)* -

   - ....

3. Che cosa fai? Scrivi poesie? *(fare il poeta)* -

   - ....

4. Che cosa fai? Viaggi sempre? *(fare il giornalista)* -

   - ....

Faremo quel viaggio!
- Anche voi **vi siete messi in testa di** fare quel viaggio?

5. Faremo quel viaggio! -

- ....

6. Diventeremo medici! -

- ....

7. Scriveremo libri gialli! -

- ....

8. Vinceremo quella gara! -

- ....

Esercizio n. 293

Stimolo: - Ti piace il mio quadro? *(dipingere)*
Risposta: - Bellissimo! **Tu sì che sai** dipingere!

1. Ti piace il mio quadro? *(dipingere)* -

- ....

2. Ti piace questa foto? *(fotografare)* -

- ....

3. Ti piace questa musica? *(suonare)* -

- ....

4. Ti piace questo vestito? *(scegliere)* -

- ....

5. Ti piace questa poesia? *(scrivere)* -

- ....

6. Ti piace questa torta? *(cucinare)* -

- ....

Esercizio n. 294

Stimolo: - Questo è il mio quadro; che ne dici? *(un pittore)*
Risposta: - **Tu sì che sei** un bravo pittore!

1. Questo è il mio quadro; che ne dici? *(un pittore)* -

   - ....

2. Questo è il mio menú; che ne dici? *(un cuoco)* -

   - ....

3. Questo è il mio progetto; che ne dici? *(un ingegnere)* -

   - ....

4. Questo è il mio consiglio; che ne dici? *(un amico)* -

   - ....

5. Questa è la mia filosofia; che ne dici? *(un saggio)* -

   - ....

6. Questa è la mia musica; che ne dici? *(un musicista)* -

   - ....

Esercizio n. 295

Stimolo: - Ti piace quel pittore? *(fotografo)*
Risposta: - Pittore? **Secondo me, dovrebbe fare** il fotografo.

1. Ti piace quel pittore? *(fotografo)* -

   - ....

2. Ti piace quello scrittore? *(libraio)* -

   - ....

3. Ti piace quel medico? *(veterinario)* -

   - ....

4. Ti piace quel professore? *(studente)* -

   - ....

Secondo te, è un bravo ingegnere? -

- Ingegnere? **Per me, dovrebbe fare** il muratore.

5. Secondo te, è un bravo ingegnere? *(muratore)* -

- ....

6. Secondo te, è un bravo giornalista? *(giornalaio)* -

- ....

7. Secondo te, è un bravo dentista? *(fabbro)* -

- ....

8. Secondo te, è un bravo avvocato? *(venditore)* -

- ....

Esercizio n. 296

Stimolo: - Ti piace il cioccolato?
Risposta: - E me lo domandi? **Ho un debole per** il cioccolato.

1. Ti piace il cioccolato? -

- ....

2. Ti piacciono i libri gialli? -

- ....

3. Ti piace l'automobilismo? -

- ....

4. Ti piace il tennis? -

- ....

5. Ti piacciono le tagliatelle? -

- ....

6. Ti piace la musica sinfonica? -

- ....

VENTIDUESIMO PERCORSO OPERATIVO

> - Periodo ipotetico:
> **di I° tipo** (realtà)
> **di II° tipo** (possibilità)
> **di III° tipo** (irrealtà)
> **Condizionale + che + congiuntivo**
> - Funzioni e atti linguistici: **esprimere imposizione, desiderio, rammarico, delusione, rassegnazione**

Esercizio n. 297

Stimolo: - Ho sete, posso bere qualcosa?
Risposta: - Perché no? **Se hai sete, bevi qualcosa.**

1. Ho sete, posso bere qualcosa? -

   - ....

2. Ho fame, posso mangiare qualcosa? -

   - ....

3. Ho caldo, posso aprire la finestra? -

- ....

4. Ho sonno, posso andare a letto? -

- ....

5. Ho finito il lavoro, posso andare al cinema? -

- ....

6. Ho mal di testa, posso spegnere la TV? -

- ....

Esercizio n. 298

Stimolo: - Laura ha lasciato Bruno.
Risposta: - **Se lo ha lasciato, ha fatto** benissimo.

---

1. Laura ha lasciato Bruno. -

- ....

2. Daniela ha accettato quel posto di lavoro. -

- ....

3. Enrico ha pagato il debito. -

- ....

4. Pietro ha riunito il consiglio. -

- ....

5. Sandra ha sposato Mario. -

- ....

6. Antonella ha venduto l'appartamento. -

- ....

Esercizio n. 299

Stimolo: - Non ha denaro, perciò non lo paga.
Risposta: - **Se avesse** denaro, lo **pagherebbe.**

1. Non ha denaro, perciò non lo paga. -

   - ....

2. Non ha tempo, perciò non esce. -

   - ....

3. Non è libero, perciò non può venire. -

   - ....

4. Non ha fame, perciò non fa colazione. -

   - ....

5. Non ha interesse per queste materie, perciò non si impegna. -

   - ....

6. Non ha il passaporto, perciò non può partire. -

   - ....

7. Non ha voglia, perciò non telefona. -

   - ....

8. Non ha la carta da lettere, perciò non scrive. -

   - ....

Esercizio n. 300

Stimolo: - Hai bevuto troppo e ora ti senti male.
Risposta: - **Se non avessi bevuto** troppo, **non ti sentiresti male.**

1. Hai bevuto troppo e ora ti senti male. -

   - ....

2. Hai fatto molte spese e ora sei al verde. -

   - ....

3. Hai programmato male il lavoro e ora hai dei problemi. -

   - ....

4. Hai detto tante sciocchezze e ora devi pentirti. -

- ....

5. Hai studiato troppo e ora sei stanco. -

- ....

6. Hai perso i soldi al gioco e ora devi rinunciare alle vacanze. -

- ....

Esercizio n. 301

Stimolo: - Se avessi tempo, finirei il lavoro.
Risposta: - **Se avessi avuto tempo, avrei finito** il lavoro.

---

1. Se avessi tempo, finirei il lavoro. -

- ....

2. Se avessi voglia, scriverei ai miei. -

- ....

3. Se studiassi, otterrei buoni risultati. -

- ....

4. Se imparassi l'inglese, potrei trovare lavoro. -

- ....

5. Se ascoltassi i consigli dei miei genitori, non avrei problemi. -

- ....

6. Se potessi, farei una visita agli amici. -

- ....

Funzioni e atti linguistici

Esercizio n. 302

> *Stimolo:* - Fa' attenzione.
> *Risposta:* - **Voglio che tu faccia** attenzione.

1. Fa' attenzione! -

   - ....

2. Va' piano! -

   - ....

3. Dì la verità! -

   - ....

4. Sta' zitto! -

   - ....

5. Ascolta i miei consigli! -

   - ....

6. Sii prudente! -

   - ....

Esercizio n. 303

> *Stimolo:* - Fa' attenzione!
> *Risposta:* - **Vorrei che tu facessi** attenzione!

1. Fa' attenzione! -

   - ....

2. Va' piano! -

   - ....

3. Dì la verità! -

   - ....

4. Sta' zitto! -

 - ....

5. Ascolta i miei consigli! -

 - ....

6. Sii più prudente! -

 - ....

Esercizio n. 304

Stimolo: - Ti piacerebbe incontrare quella ragazza?
Risposta: - **Magari potessi** incontrarla!

1. Ti piacerebbe incontrare quella ragazza? -

 - ....

2. Ti piacerebbe acquistare quella villa? -

 - ....

3. Ti piacerebbe conoscere quella scrittrice? -

 - ....

4. Ti piacerebbe sapere la verità? -

 - ....

5. Ti piacerebbe sentire quell'opera? -

 - ....

6. Ti piacerebbe cambiare l'auto? -

 - ....

Esercizio n. 305

Stimolo: - Vorresti restare ancora con noi?
Risposta: - **Magari fosse possibile** restare con voi!

1. Vorresti restare ancora con noi? - ....

2. Vorresti partire con noi? - ....

3. Vorresti uscire con noi? - ....

4. Vorresti pranzare con noi? - ....

5. Vorresti studiare con noi? - ....

6. Vorresti viaggiare con noi? - ....

Esercizio n. 306

> *Stimolo:* - Hai ricevuto dei regali?
> *Risposta:* - Regali? **Macché,** nemmeno uno.

1. Hai ricevuto dei regali? -

- ....

2. Hai avuto dei consensi? -

- ....

3. Hai letto dei libri? -

- ....

4. Hai fatto degli incontri interessanti? -

- ....

5. Hai fatto degli acquisti? -

- ....

6. Hai incontrato i tuoi amici? -

- ....

Esercizio n. 307

> *Stimolo:* - Sai, la festa è finita male.
> *Risposta:* - **È un peccato che la festa sia** finita male.

1. Sai, la festa è finita male. -

- ....

2. Sai, Paolo se ne è andato. -

- ....

3. Sai, la vacanza è finita. -

- ....

4. Sai, Maria si è offesa. -

- ....

Sai, ho litigato con Nino. -
- Davvero? **Mi dispiace che tu abbia litigato** con Nino.

5. Sai, ho litigato con Nino. -

- ....

6. Sai, ho perso lo stipendio. -

- ....

7. Sai, ho lasciato la mia fidanzata. -

- ....

8. Sai, ho avuto un forte mal di gola. -

- ....

Esercizio n. 308

Stimolo: - Avete capito male!
Risposta: - Abbiamo capito male, **ma che possiamo farci?**

1. Avete capito male! -

- ....

2. Avete fatto male l'esame! -

- ....

3. Avete sbagliato tutto! -

- ....

4. Avete proprio perso tutto! -

- ....

5. Avete avuto un incidente! -

- ....

6. Avete saputo della bocciatura! -

- ....

VENTITREESIMO PERCORSO OPERATIVO

> - Gradi dell'aggettivo:
> **comparativo di uguaglianza**
> **comparativo di maggioranza**
> **comparativo di minoranza**
> - Funzioni e atti linguistici: **esprimere opionione contraria**

Esercizio n. 309

> *Stimolo:* - Nino e Andrea sono simpatici.
> *Risposta:* - È vero, ma Nino è **più** simpatico **di** Andrea.

1. Nino e Andrea sono simpatici. -

   - ....

2. Antonio e Franco sono generosi. -

   - ....

3. Giulio e Paolo sono ingenui. -

   - ....

4. Mauro e Lucio sono eleganti. -

- ....

5. Carlo e Renzo sono colpevoli. -

- ....

6. Marco e Sandro sono affettuosi. -

- ....

Esercizio n. 310

1. Luca è bravo, ma Emilio è più bravo. -

- ....

2. Mauro è robusto, ma Enrico è più robusto. -

- ....

3. Gianni è ricco, ma Luigi è più ricco. -

- ....

4. Franco è forte, ma Bruno è più forte. -

- ....

5. Paolo è sensibile, ma Sandro è più sensibile. -

- ....

6. Giulio è maturo, ma Piero è più maturo. -

- ....

Esercizio n. 311

1. La mia casa è comoda come la tua. -

- ....

2. La mia macchina è veloce come la tua. -

- ....

3. La mia famiglia è numerosa come la tua. -

- ....

4. La mia carriera è brillante come la tua. -

- ....

5. La mia bistecca è tenera come la tua. -

- ....

6. La mia scuola è grande come la tua. -

- ....

Esercizio n. 312

Stimolo: - Pensi che Piera sia **più alta** di Maria?
Risposta: - No, no, Piera è alta **quanto** Maria.

1. Pensi che Piera sia più alta di Maria? -

- ....

2. Pensi che Lucia sia più simpatica di Silvia? -

- ....

3. Pensi che Grazia sia più vivace di Gaia? -

- ....

4. Pensi che Paola sia più strana di Carla? -

- ....

5. Pensi che Gloria sia più generosa di Patrizia? -

- ....

6. Pensi che Giulia sia più brava di Laura? -

- ....

Esercizio n. 313

1. Chi è più giovane, lui o tu? -

   - ....

2. Chi è più nervoso, lui o tu? -

   - ....

3. Chi è più calmo, lui o tu? -

   - ....

4. Chi è più fortunato, lui o tu? -

   - ....

5. Chi è più coraggioso, lui o tu? -

   - ....

6. Chi è più pignolo, lui o tu? -

   - ....

Esercizio n. 314

1. Il tuo appartamento è grande quanto il mio. -

   - ....

2. Il tuo anello è prezioso quanto il mio. -

   - ....

3. Il tuo pacco è pesante quanto il mio. -

   - ....

4. Il tuo orologio è antico quanto il mio. -

   - ....

5. Il tuo bagno è ampio quanto il mio. -

- ....

6. Il tuo ufficio è spazioso quanto il mio. -

- ....

Esercizio n. 315

Stimolo: - Secondo me, Luca è bello e simpatico.
Risposta: - Io penso, invece, che sia **più** bello **che** simpatico.

1. Secondo me, Luca è bello e simpatico. -

- ....

2. Secondo me, Gigi è brutto e antipatico. -

- ....

3. Secondo me, Carlo è gentile e sincero. -

- ....

4. Secondo me, Renato è fortunato e bravo. -

- ....

5. Secondo me, Stefano è stanco e malato. -

- ....

6. Secondo me, Simone è sciocco e ingenuo. -

- ....

Esercizio n. 316

Stimolo: - Preferisci ascoltare la musica classica o la musica moderna?
Risposta: - Ascolto **più** volentieri la musica classica **che** la musica moderna.

1. Preferisci ascoltare la musica classica o la musica moderna? -

- ....

2. Preferisci bere la birra chiara o la birra scura? -

- ....

3. Preferisci bere il vino bianco o il vino rosso? -

   - ....

4. Preferisci vedere un film storico o un film sentimentale? -

   - ....

5. Preferisci interessarti di arte moderna o di arte antica? -

   - ....

6. Preferisci mangiare un panino o una pizza? -

   - ....

Esercizio n. 317

Stimolo: - Luigi è molto strano.
Risposta: - Credi? Io penso che sia **meno** strano **di quanto** sembri.

1. Luigi è molto strano. -

   - ....

2. Marco è molto severo. -

   - ....

3. Piero è molto ricco. -

   - ....

4. Gustavo è molto stupido. -

   - ....

5. Roberto è molto cattivo. -

   - ....

6. Antonio è molto esperto. -

   - ....

Esercizio n. 318

Stimolo: - È un ragazzo buono.
Risposta: - Sì, è **più** buono **di quanto** si creda.

1. È un ragazzo buono. -

    - ....

2. È un affare vantaggioso. -

    - ....

3. È un accordo conveniente. -

    - ....

4. È un problema difficile. -

    - ....

5. È un sistema semplice. -

    - ....

6. È un ragazzo generoso. -

    - ....

Funzioni e atti linguistici

Esercizio n. 319

Stimolo: - Come hai trovato il discorso, noioso? *(interessante)*
Risposta: - Anzi, l'ho trovato **interessante.**

1. Come hai trovato il discorso, noioso? *(interessante)* -

    - ....

2. Come hai trovato il mare, sporco? *(pulito)* -

    - ....

3. Come hai trovato il cibo, scarso? *(abbondante)* -

    - ....

4. Come hai trovato il viaggio, faticoso? *(riposante)* -

- ....

5. Come hai trovato l'esercizio, difficile? *(facile)* -

- ....

6. Come hai trovato Francesco, nervoso? *(calmo)* -

- ....

VENTIQUATTRESIMO PERCORSO OPERATIVO

> - Gradi dell'aggettivo:
> **Superlativo relativo**
> **Superlativo assoluto**
> **Superlativo irregolare**
> **Superlativo di avverbi**
> - Funzioni e atti linguistici: **assentire;**
> **esprimere un'opinione, un giudizio.**

Esercizio n. 320

Stimolo: - Nino è molto simpatico. *(classe)*
Risposta: - Sì, è **il piú** simpatico **della** classe.

1. Nino è molto simpatico. *(classe)* -

   - ....

2. Mario è molto elegante. *(città)* -

   - ....

3. Carlo è molto bravo. *(scuola)* -

   - ....

4. Alberto è molto noioso. *(gruppo)* -

   - ....

5. Francesco è molto ricco. *(paese)* -

   - ....

6. Paolo è molto educato. *(palazzo)* -

   - ....

Esercizio n. 321

Stimolo: - Clara è una ragazza molto allegra. *(abbia conosciuto)*
Risposta: - Sì, è **la ragazza più allegra che io abbia conosciuto.**

1. Clara è una ragazza molto allegra. *(abbia conosciuto)* -

   - Sì, è **la ragazza piú allegra che io abbia conosciuto.**

2. Angela una ragazza è molto bella. *(abbia visto)* -

   - ....

3. Marcella è una ragazza molto seria. *(abbia conosciuto)* -

   - ....

4. Giovanna è una ragazza molto gentile. *(abbia incontrato)* -

   - ....

5. Chiara è una ragazza molto carina. *(abbia incontrato)* -

   - ....

6. Anna è una ragazza molto onesta. *(abbia frequentato)* -

   - ....

Esercizio n. 322

Stimolo: - Questo è **il giorno più bello** della mia vita.
Risposta: - Questo è **il più bel giorno** della mia vita.

1. Questo è il giorno più bello della mia vita. -

   - ....

2. Questo è il favore più grande che tu possa farmi. -

   - ....

3. Questo è l'avvenimento più importante dell'anno. -

- ....

4. Questa è la barzelletta più divertente che io sappia. -

- ....

5. Questa è l'informazione più sicura che io abbia. -

- ....

6. Questa è la notizia più bella che tu possa darmi. -

- ....

Esercizio n. 323

> *Stimolo:* - Questi sono **i ragazzi più simpatici** del gruppo.
> *Risposta:* - Questi sono **i più simpatici ragazzi** del gruppo.

1. Questi sono i ragazzi più simpatici del gruppo. -

- ....

2. Questi sono i monumenti più famosi della città. -

- ....

3. Questi sono i problemi più importanti del mondo. -

- ....

4. Queste sono le ragazze più belle della scuola. -

- ....

5. Queste sono le università più famose d'Europa. -

- ....

6. Queste sono le vacanze più belle della mia vita. -

- ....

Esercizio n. 324

> *Stimolo:* - Giorgio è molto ricco.
> *Risposta:* - Sì, è vero, è **ricchissimo.**

1. Giorgio è molto ricco. - ....

2. Maurizio è molto alto. - ....

3. Sergio è molto simpatico. - ....

4. Valerio è molto povero. - ....

5. Francesco è molto elegante. - ....

6. Mauro è molto stanco. - ....

Esercizio n. 325

Stimolo: - È una cara persona.
Risposta: - È una persona **molto cara.**

1. È una cara persona. - ....

2. È una bella ragazza. - ....

3. È una grande città. - ....

4. È una moderna costruzione. - ....

5. È una famosa cantante. - ....

6. È una dolce bambina. - ....

Esercizio n. 326

Stimolo: - **Ottimo,** questo vino.
Risposta: - Sì, è un vino **molto buono.**

1. Ottimo, questo vino. - ....

2. Ottimo, questo formaggio. - ....

3. Ottimo, questo gelato. - ....

4. Ottimo, questo dolce. - ....

Pessimo, questo ragazzo. - Sí, è un ragazzo **molto cattivo.**

5. Pessimo, questo ragazzo. - ....

6. Pessimo, questo liquore. - ....

7. Pessimo, questo aperitivo. - ....

8. Pessimo, questo antipasto. - ....

Esercizio n. 327

Stimolo: - Hai lavorato **molto?**
Risposta: - Ho lavorato **moltissimo.**

1. Hai lavorato molto? - ....
2. Hai speso poco? - ....
3. Ti sei alzato presto? - ....
4. Sei andato a dormire tardi? - ....
5. Ti senti male? - ....
6. Ti trovi bene? - ....

Funzioni e atti linguistici

Esercizio n. 328

Stimolo: - **Va pazzo per** la musica rock.
Risposta: - Sì, è proprio **appassionatissimo** di musica rock.

1. Va pazzo per la musica rock. - ....
2. Va pazzo per il teatro. - ....
3. Va pazzo per il cinema. - ....
4. Va pazzo per il tennis. - ....
5. Va pazzo per il calcio. - ....
6. Va pazzo per le corse dei cavalli. - ....

Esercizio n. 329

Stimolo: - Laura ha lasciato Bruno.
Risposta: - Se lo ha lasciato, ha fatto **benissimo.**

1. Laura ha lasciato Bruno. - ....
2. Mario è partito per Roma. - ....

3. Maria ha sposato Antonio. - ....

4. Alberto ha accettato un nuovo lavoro. - ....

5. Paolo ha cambiato il suo modo di comportarsi. - ....

6. Sergio ha comprato un nuovo appartamento. - ....

VENTICINQUESIMO PERCORSO OPERATIVO

> - Indicativo: **Passato remoto regolare,**
>   **Passato remoto irregolare**
>   **Trapassato remoto**
> - Funzioni e atti linguistici: **esprimere as-**
>   **senso, contrarietà, disaccordo**

Esercizio n. 330

> *Stimolo:* - Chi **fu** Dante? (*il piú grande poeta italiano*)
> *Risposta:* - **Fu** il più grande poeta italiano.

1. Chi fu Dante? (*il più grande poeta italiano*) -

   - ....

2. Chi fu Leonardo? (*il più grande genio del '500*) -

   - ....

3. Chi fu re Sole? (*il più famoso re di Francia*) -

   - ....

4. Chi fu Verdi? (*il più grande musicista italiano*) -

   - ....

5. Chi **furono** i Romani? *(i più grandi conquistatori di tutti i tempi)* -

- **Furono** i più grandi conquistatori di tutti i tempi.

6. Chi furono Giulietta e Romeo? *(i più famosi innamorati di tutti i tempi)* -

- ....

7. Chi furono Raffaello e Michelangelo? *(i più grandi artisti del Rinascimento)* -

- ....

8. Chi furono Socrate e Platone? *(i più grandi filosofi dell'antichità)* -

- ....

Esercizio n. 331

Stimolo: - Io **ebbi** molta fortuna quella volta e voi?
Risposta: - Anche noi **avemmo** molta fortuna.

1. Io ebbi molta fortuna quella volta e voi? -

- ....

2. Io ebbi molta fiducia quella volta e voi? -

- ....

3. Io ebbi molta paura quella volta e voi? -

- ....

4. Io ebbi molta pazienza quella volta e voi? -

- ....

Tu **avesti** molta comprensione in quella occasione. -

- Anche loro **ebbero** molta comprensione in quella occasione.

5. Tu avesti molta comprensione in quella occasione. -

- ....

6. Tu avesti molto successo in quella occasione. -

- ....

7. Tu avesti molto coraggio in quella occasione. -

- ....

8. Tu avesti molta paura in quella occasione. -

- ....

Esercizio n. 332

Stimolo: - **Parlai** a lungo, ma lui non mi **ascoltò**.
Risposta: - **Parlammo** a lungo, ma loro non ci **ascoltarono**.

1. Parlai a lungo, ma lui non mi ascoltò. -

   - ....

2. Spiegai la lezione, ma lui non la studiò. -

   - ....

3. Spiegai la poesia, ma lei non la imparò. -

   - ....

4. Narrai la storia, ma lei non l'ascoltò. -

   - ....

Guardasti volentieri quello spettacolo. -

- Anche voi **guardaste** volentieri quello spettacolo.

5. Guardasti volentieri quello spettacolo. -

   - ....

6. Ascoltasti con piacere le sue parole. -

   - ....

7. Osservasti con stupore quel panorama. -

   - ....

8. Comprasti con entusiasmo quel vestito. -

   - ....

Esercizio n. 333

Stimolo: - Quel giorno **potei** realizzare i miei progetti.
Risposta: - Davvero **potesti** realizzare i tuoi progetti?

1. Quel giorno potei realizzare i miei progetti. -

   - ....

2. Quella sera ricevetti i complimenti di tutti. -

   - ....

3. Quella mattina decisi di partire per un lungo viaggio. -

- ....

4. Quella volta ottenni i risultati migliori. -

- ....

Quel pomeriggio **scrisse** una lunga lettera. -
- Davvero? Anche loro **scrissero** una lunga lettera.

5. Quel pomeriggio scrisse una lunga lettera. -

- ....

6. Quella volta rispose immediatamente. -

- ....

7. Quel giorno perse tutte le coincidenze. -

- ....

8. Quella mattina risolse tutti i problemi. -

- ....

Esercizio n. 334

Stimolo: - **Preferii** partire *(restare con la famiglia)*
Risposta: - Al contrario, noi **preferimmo** restare con la famiglia.

1. Preferii partire *(restare con la famiglia)* -

- ....

2. Sentii molto freddo. *(sentire caldo)* -

- ....

3. Riuscii ad avere tutto. *(non riuscire ad avere nulla)* -

- ....

4. Spedii quel pacco. *(non spedire niente)* -

- ....

Dormiste bene quella notte? *(non riuscire a chiudere occhio)* -
- No, non **riuscimmo** a chiudere occhio.

5. Dormiste bene quella notte? *(non riuscire a chiudere occhio)* -

- ....

6. Usciste quella sera? *(non uscire per niente)* -

    - ....

7. Sentiste dei rumori quella notte? *(non sentire niente)* -

    - ....

8. Riusciste a telefonare ai vostri amici? *(non riuscire a prendere la comunicazione)* -

    - ....

Esercizio n. 335

> *Stimolo:* - **Scrisse** un articolo molto interessante?
> *Risposta:* - Sì, certo, ma anche loro **scrissero** un articolo interessante.

1. Scrisse un articolo interessante? -

    - ....

2. Visse a lungo in quella città? -

    - ....

3. Disse cose sensate? -

    - ....

4. Lesse un libro divertente? -

    - ....

5. Prese posto in prima fila? -

    - ....

6. Venne direttamente da Londra? -

    - ....

7. Volle un attestato di frequenza? -

    - ....

8. Poté scegliere tra due corsi? -

    - ....

Esercizio n. 336

> *Stimolo:* - **Mangiò** molto? *(bere molti bicchieri di vino)*
> *Risposta:* - Non lo so; in ogni caso **bevve** molti bicchieri di vino.

1. Mangiò molto? *(bere molti bicchieri di vino)* -

   - ....

2. Ascoltò tutti? *(dire molte cose)* -

   - ....

3. Rispose a tutte le domande? *(fare un buon esame)* -

   - ....

4. Fu un atleta famoso? *(vincere gare importanti)* -

   - ....

5. Quando **nacquero?** *(durante la prima guerra mondiale)* -

   - **Nacquero** durante la prima guerra mondiale.

6. Quando si conobbero? *(durante il servizio militare)* -

   - ....

7. Quando si rividero? *(durante le feste di Natale)* -

   - ....

8. Quando condussero i loro figli a Londra? *(durante le vacanze estive)* -

   - ....

Esercizio n. 337

> *Stimolo:* - Prima **trovai** in affitto una camera e poi **visitai** la città.
> *Risposta:* - **Dopo che ebbi trovato** in affitto una camera, **visitai** la città.

1. Prima trovai in affitto una camera e poi visitai la città. -

   - ....

2. Prima vidi lo spettacolo e poi andai in pizzeria. -

   - ....

3. Prima finii il mio lavoro e poi andai in palestra. -

   - ....

4. Prima dormii profondamente e poi cominciai a lavorare. -

- ....

Prima **scrisse** la domanda e poi la **portò** in segreteria. -

- **Dopo che ebbe scritto** la domanda la portò in segreteria.

5. Prima scrisse la domanda e poi la portò in segreteria. -

- ....

6. Prima salutò i conoscenti e poi partí. -

- ....

7. Prima preparò le valigie e poi andò a fare il biglietto. -

- ....

8. Prima cucinò un buon pranzetto e poi invitò i compagni. -

- ....

Esercizio n. 338

> *Stimolo:* - Quando **arrivò** la notizia? *(partire)*
> *Risposta:* - Appena **fu partito.**

1. Quando arrivò la notizia? *(partire)* -

- ....

2. Quando si iscrisse al corso? *(arrivare)* -

- ....

3. Quando incontrò gli amici? *(uscire)* -

- ....

4. Quando uscì di casa? *(vestirsi)* -

- ....

Quando **partirono** per un lungo viaggio? *(sposarsi)* -

- Appena **si furono sposati.**

5. Quando partirono per un lungo viaggio? *(sposarsi)* -

- ....

6. Quando si sposarono? *(sistemarsi)* -

- ....

7. Quando capirono di amarsi? *(incontrarsi)* -

- ....

8. Quando decisero di andare via? *(annoiarsi della compagnia)* -

- ....

Esercizio n. 339

Stimolo: - Quanto zucchero? *(due cucchiaini)*
Risposta: - **Me ne bastano** due cucchiaini.

1. Quanto zucchero? *(due cucchiaini)* -

- ....

2. Quanta carne? *(tre etti)* -

- ....

3. Quante buste? *(due)* -

- ....

4. Quante mele? *(due chili)* -

- ....

5. Quanti pacchetti di caramelle? *(tre)* -

- ....

6. Quanti francobolli da 1000 lire? *(cinque)* -

- ....

Funzioni e atti linguistici

Esercizio n. 340

Stimolo: - Vieni anche tu con noi?
Risposta: - Puoi stare sicuro **che verrò anch'io con voi.**

1. Vieni anche tu con noi? -

- ....

2. Resti anche tu in vacanza? -

    - ....

3. Chiederai adesso i soldi a tuo padre? -

    - ....

4. Farai il tuo dovere? -

    - ....

5. Rispetterai i patti? -

    - ....

6. Farai l'esame? -

    - ....

Esercizio n. 341

Stimolo: - Mi raccomando, vieni anche tu questa sera! *(restare a casa)*
Risposta: - Venire anch'io? **Che noia! Preferirei** restare a casa.

---

1. Mi raccomando, vieni anche tu questa sera! *(restare a casa)* -
    - ....

2. Mi raccomando, rimani anche tu! *(uscire con Carla)* -
    - ....

3. Mi raccomando, gioca anche tu! *(leggere un giallo)* -
    - ....

4. Mi raccomando, va' anche tu! *(fare dello sport)* -
    - ....

Hai visto quello spettacolo? *(non poterne più)* -

- Quello spettacolo? **Che barba!** Non ne potevo più!

5. Hai visto quello spettacolo? *(non poterne più)* -

    - ....

6. Hai ascoltato quella conferenza? *(non terminare più)* -

- ....

7. Hai letto quel libro? *(non finire più)* -

- ....

8. Hai incontrato il Signor Rossi? *(non lasciarmi più)* -

- ....

Esercizio n. 342

> *Stimolo:* - Perché non metti in ordine?
> *Risposta:* - **Uffa! Sono stufo di** mettere sempre in ordine.

1. Perché non metti in ordine? -

- ....

2. Perché non studi la grammatica? -

- ....

3. Perché non vieni alla conferenza? -

- ....

4. Perché non vai a trovare i parenti? -

- ....

Mangia la carne! -

- **Che pizza! Sono stufa di** mangiare sempre carne!

5. Mangia la carne!

- ....

6. Mangia gli spaghetti! -

- ....

7. Mangia la pasta! -

- ....

8. Mangia la verdura! -

- ....

VENTISEIESIMO PERCORSO OPERATIVO

- **Forma passiva**
- **Si passivante**
- **Chi?, Da chi?**
- Funzioni e atti linguistici: **precisare, esprimere indifferenza**

Esercizio n. 343

Stimolo: - In Italia poca gente **legge** il giornale.
Risposta: - In Italia il giornale **è letto da** poca gente.

1. In Italia poca gente legge il giornale. -

- ....

2. Stasera la TV trasmette una partita di calcio. -

- ....

3. Il padrone di casa mostra la camera. -

- ....

4. Molti praticano questo sport. -

- ....

5. Tutti i professori stimano quello studente. -

- ....

6. Tutti amano la natura. -

- ....

Esercizio n. 344

> *Stimolo:* - L'idraulico **ripara** il bagno.
> *Risposta:* - Il bagno **viene riparato** dall'idraulico.

1. L'idraulico ripara il bagno. -

- ....

2. L'avvocato difende il cliente. -

- ....

3. Il medico cura il paziente. -

- ....

4. Lo studente legge il libro. -

- ....

5. La casalinga prepara il pranzo. -

- ....

6. Il vigile controlla il traffico. -

- ....

Esercizio n. 345

> *Stimolo:* - Il presidente **farà** un discorso.
> *Risposta:* - Un discorso **sarà fatto dal** presidente.

1. Il presidente farà un discorso. -

- ....

2. Il commesso aiuterà la cliente. -

- ....

3. Il dentista curerà la carie. -

- ....

4. Il professore spiegherà una nuova lezione. -

- ....

5. Il turista visiterà la chiesa. -

- ....

6. Il meccanico riparerà l'automobile. -

- ....

Esercizio n. 346

> *Stimolo:* - Chi **ha scoperto** l'America? *(Cristoforo Colombo)*
> *Risposta:* - L'America **è stata scoperta da** Cristoforo Colombo.

1. Chi ha scoperto l'America? *(Cristoforo Colombo)* -

- ....

2. Chi ha scritto la Divina Commedia? *(Dante Alighieri)* -

- ....

3. Chi ha composto l'Aida? *(Giuseppe Verdi)* -

- ....

4. Chi ha inventato il telegrafo? *(Guglielmo Marconi)* -

- ....

5. Chi ha scritto il Decamerone? *(Giovanni Boccaccio)* -

- ....

6. Chi ha diretto il concerto? *(Arturo Toscanini)* -

- ....

Esercizio n. 347

Stimolo: - Domani non **si potrà fissare** l'appuntamento.
Risposta: - Domani l'appuntamento **non potrà essere fissato.**

1. Domani non si potrà fissare l'appuntamento. -

   - ....

2. Domani non si potrà completare il programma. -

   - ....

3. Domani non si potrà firmare il contratto. -

   - ....

4. Domani non si potrà iniziare la ricerca. -

   - ....

5. Domani non si potrà concludere l'operazione. -

   - ....

6. Domani non si potrà decidere la data. -

   - ....

Esercizio n. 348

Stimolo: - Incredibile, **chi te l'ha detto?**
Risposta: - Incredibile, **da chi ti è stato detto?**

1. Incredibile, chi te l'ha detto? - ....

2. Incredibile, chi te l'ha raccontato? - ....

3. Bello, chi te l'ha regalato? - ....

4. Bello, chi te l'ha mandato? - ....

5. Strano, chi te l'ha consigliato? - ....

6. Strano, chi te l'ha dato? - ....

Esercizio n. 349

Stimolo: - Belle, quelle cartoline! **Chi ve le ha spedite?**
Risposta: - Belle, quelle cartoline! **Da chi vi sono state spedite?**

1. Belle, quelle cartoline! Chi ve le ha spedite? -

   - ....

2. Simpatiche, quelle ragazze! Chi ve le ha presentate? -

   - ....

3. Stupende, quelle fotografie! Chi ve le ha scattate? -

   - ....

4. Ottimi, questi vini! Chi ve li ha mandati? -

   - ....

5. Interessanti, questi libri! Chi ve li ha regalati? -

   - ....

6. Buoni, questi antipasti! Chi ve li ha consigliati? -

   - ....

Esercizio n. 350

Stimolo: - Chi **l'ha autorizzato?**
Risposta: - Non lo so, ma credo che non **sia stato autorizzato da** nessuno.

1. Chi l'ha autorizzato? -

   - ....

2. Chi l'ha invitato? -

   - ....

3. Chi l'ha aiutato? -

   - ....

4. Chi l'ha consigliato? -

   - ....

5. Chi l'ha incaricato? -

‑ ....

6. Chi l'ha riconosciuto? -

‑ ....

Esercizio n. 351

Stimolo: - La domanda **va firmata** ora.
Risposta: - La domanda **deve essere firmata** ora.

1. La domanda va firmata ora. -

‑ ....

2. La medicina va presa a stomaco pieno. -

‑ ....

3. La minestra va mangiata calda. -

‑ ....

4. La birra va bevuta fredda. -

‑ ....

5. La soluzione va trovata subito. -

‑ ....

6. La risposta va data presto. -

‑ ....

Esercizio n. 352

Stimolo: - Vorrei che **me la mandassi tu.**
Risposta: - Vorrei che **mi fosse mandata da te.**

1. Vorrei che me la mandassi tu. -

‑ ....

2. Vorrei che me la scrivessi tu. -

‑ ....

3. Mi piacerebbe che me la portassi tu. -

- ....

4. Mi piacerebbe che me la traducessi tu. -

- ....

Vorrei che me li suggerissi tu. -
- Vorrei che **mi fossero suggeriti da te**

5. Vorrei che me li suggerissi tu. -

- ....

6. Vorrei che me li ordinassi tu. -

- ....

7. Mi piacerebbe che me li custodissi tu. -

- ....

8. Mi piacerebbe che me li trovassi tu. -

- ....

Esercizio n. 353

Stimolo: - Tu **devi scrivere** la lettera.
Risposta: - La lettera **deve essere scritta da te.**

1. Tu devi scrivere la lettera. -

- ....

2. Tu devi decidere la data. -

- ....

3. Tu devi fare la ricerca. -

- ....

4. Tu devi preparare il programma. -

- ....

5. Tu devi finire questo lavoro. -

- ....

6. Tu devi firmare questo contratto. -

- ....

Funzioni e atti linguistici

Esercizio n. 354

Stimolo: - Quando conosceremo i risultati dell'esame?
Risposta: - Entro domani, ma **non è escluso che** si possano conoscere anche stasera.

1. Quando conosceremo i risultati dell'esame? -

  - ....

2. Quando sapremo i nomi dei professori? -

  - ....

3. Quando incontreremo i congressisti? -

  - ....

4. Quando riceveremo gli inviti? -

  - ....

5. Quando avremo le conferme? -

  - ....

6. Quando otterremo le firme dei contratti? -

  - ....

Esercizio n. 355

Stimolo: - Domani non ti telefonerò.
Risposta: - Non mi telefonerai? **E con ciò?**

1. Domani non ti telefonerò. -

  - ....

2. Non ho molto tempo oggi. -

  - ....

3. Non so ballare molto bene. -

  - ....

4. Non ho molta esperienza in questo settore. -

   - ....

5. Non conosco bene quella ragazza. -

   - ....

6. Prima o poi dovrò partire. -

   - ....

Esercizio n. 356

Stimolo: - Sandra non verrà alla festa.
Risposta: - Se non verrà, **non m'importa affatto.**

1. Sandra non verrà alla festa. -

   - ....

2. Maria non ti chiederà scusa. -

   - ....

3. Paolo non ti telefonerà. -

   - ....

4. Andrea non ti scriverà. -

   - ....

Ieri sera sono uscito con Paola. -

- **Che m'importa** se sei uscito con Paola?

5. Ieri sera sono uscito con Paola. -

   - ....

6. La settimana passata c'è stato uno sciopero. -

   - ....

7. Ho lavorato sodo tutto il giorno. -

   - ....

8. Non ho capito nulla. -

   - ....

VENTISETTESIMO PERCORSO OPERATIVO

- **Discorso diretto e indiretto**

- Funzioni e atti linguistici: **esprimere convenienza, mostrare perplessità, incredulità**

Esercizio n. 357

Stimolo: - Il custode del parcheggio disse: «**Non c'è** più posto».
Risposta: - Il custode del parcheggio disse **che non c'era** più posto.

1. Il custode del parcheggio disse: «Non c'è più posto».

- ....

2. Il meccanico confermò: «La macchina non è pronta».

- ....

3. Il vigile ripeté: «La strada è interrotta».

- ....

4. Lo studente affermò: «Sto bene in questa città».

- ....

5. I turisti dissero: «Vogliamo visitare il castello medievale».

   - ....

6. Molti fecero sapere: «Non possiamo spendere una cifra così alta».

   - ....

Esercizio n. 358

Stimolo: - Stefano mi chiese: «**Vieni** in discoteca **con me?**»
Risposta: - Stefano mi chiese **se andavo** in discoteca **con lui.**

1. Stefano mi chiese: «Vieni in discoteca con me?» -

   - ....

2. Giacomo mi domandò: «Mangi qualcosa con me?» -

   - ....

3. Patrizia mi chiese: «Bevi qualcosa con me?» -

   - ....

4. Silvana mi domandò: «Torni a casa con me?» -

   - ....

5. Lorenzo mi disse: «Parti per Firenze con me?» -

   - ....

6. Lo zio mi domandò: «Resti in campagna con me?» -

   - ....

Esercizio n. 359

Stimolo: - I tecnici confermarono: «**Questo** progetto non **è** realizzabile».
Risposta: - I tecnici confermarono **che quel** progetto non **era** realizzabile.

1. I tecnici confermarono: «Questo progetto non è realizzabile». -

   - ....

2. Gli atleti dichiararono: «Questo percorso è molto selettivo». -

   - ....

3. I miei amici esclamarono: «Questo appartamento è meraviglioso». -

- ....

4. Parecchi affermarono: «Questa trasmissione è davvero interessante». -

- ....

5. I professori confermarono: «Questo studente è proprio bravo». -

- ....

6. Tutti dissero: «Questo soggiorno è veramente utile». -

- ....

Esercizio n. 360

Stimolo: - Angelo mi ha domandato: «**Ti è** piaciuto quel viaggio?»
Risposta: - Angelo mi ha domandato **se mi era** piaciuto quel viaggio.

1. Angelo mi ha domandato: «Ti è piaciuto quel viaggio?» -

- ....

2. Renzo ha chiesto a Roberto: «Hai frequentato quel corso?» -

- ....

3. Emilia ci ha chiesto: «Avete ascoltato quel disco?» -

- ....

4. Alba mi ha domandato: «Hai letto quel romanzo?» -

- ....

5. Piero ha chiesto a Luca: «Hai fissato quell'appuntamento?» -

- ....

6. Luisa mi ha chiesto: «Hai ricevuto quel telegramma?» -

- ....

Esercizio n. 361

Stimolo: - Fausto mi consigliò: «**Prendi** l'autobus n. 23».
Risposta: - Fausto mi consigliò **di prendere** l'autobus n. 23.

1. Fausto mi consigliò: «Prendi l'autobus n. 23». -

  - ....

2. Le raccomandai: «Scrivi presto». -

  - ....

3. La signora disse al bambino: «Parla sottovoce». -

  - ....

4. Tutti mi consigliarono: «Parti appena possibile». -

  - ....

5. Chiara mi disse: «Prendi l'ombrello». -

  - ....

6. Mia moglie mi ripeté: «Mangia lentamente». -

  - ....

Esercizio n. 362

Stimolo: - Paolo ripete spesso: «**Il mio** appartamento è troppo piccolo».
Risposta: - Paolo ripete spesso **che il suo** appartamento è troppo piccolo.

1. Paolo ripete spesso: «Il mio appartamento è troppo piccolo». -

  - ....

2. Bruno sostiene con fermezza: «Il mio programma è completo». -

  - ....

3. Lei dice sempre: «Il mio giardino è bellissimo». -

  - ....

4. Lui afferma con sicurezza: «Il mio consiglio è il migliore». -

  - ....

Maria e Riccardo affermano: «**Il nostro** migliore amico è Stefano». -

- Maria e Riccardo affermano **che il loro** migliore amico è Stefano. -

5. Maria e Riccardo affermano: «Il nostro migliore amico è Stefano». -

- ....

6. Quei turisti sostengono: «Il nostro albergo è a buon mercato». -

- ....

7. Gli ospiti fanno sapere: «Il nostro arrivo è previsto per le 21». -

- ....

8. Molti giovani pensano: «Il nostro futuro è incerto». -

- ....

Esercizio n. 363

Stimolo: - Ieri mi hai detto: «**Sosterrò** un esame importante» -
Risposta: - Ieri mi hai detto **che sosterrai** un esame importante.

1. Ieri mi hai detto: «Sosterrò un esame importante». -

- ....

2. La settimana passata Caterina ha detto: «Comprerò un orologio d'oro». -

- ....

3. Il mese passato Stefano mi ha detto: «Parteciperò ad una trasmissione televisiva». -

- ....

4. L'anno scorso Laura ci ha detto: «Renato vincerà certamente il primo premio». -

- ....

5. Stamattina alle 8 ci ha promesso: «Prenoterò il posto in treno». -

- ....

6. L'altro ieri ci hanno assicurato: «Organizzeremo un bell'incontro». -

- ....

Esercizio n. 364

Stimolo: - Mi dicesti: «**Tornerò** presto».
Risposta: - Mi dicesti **che saresti tornato** presto.

1. Mi dicesti: «Tornerò presto». -

- ....

2. Franco ci disse: «Andrò all'estero appena possibile». -

    - ....

3. Vi dissi: «Arriverò in macchina». -

    - ....

4. I colleghi mi dissero: «Viaggeremo volentieri con te». -

    - ....

5. Mio cugino mi disse: «Rimarrò fuori per tre settimane». -

    - ....

6. Laura ci disse: «Resterò volentieri con voi». -

    - ....

Esercizio n. 365

Stimolo: - Mauro mi disse: «**Arriverò fra poco**». *(poco dopo)* -
Risposta: - Mauro mi disse **che sarebbe arrivato poco dopo.**

---

1. Mauro mi disse: «Arriverò fra poco». *(poco dopo)* -

    - ....

2. Maria ci disse: «La prossima settimana riprenderò il lavoro». *(la settimana successiva)* -

    - ....

3. Franca fece sapere: «Domani partirò per Venezia». *(il giorno dopo)* -

    - ....

4. Patrizia mi assicurò: «Telefonerò fra qualche giorno». *(qualche giorno dopo)* -

    - ....

5. Mi dissero: «Andrea tornerà fra qualche settimana». *(dopo qualche settimana)* -

    - ....

6. Ci assicurò: «Smetterò di lavorare fra non molto». *(non molto tempo dopo)* -

    - ....

Funzioni e atti linguistici

Esercizio n. 366

> *Stimolo:* - Ci conviene restare a casa.
> *Risposta:* - **Non credi che ci convenga** restare a casa?

1. Ci conviene restare a casa. -

   - ....

2. Ci conviene partire subito. -

   - ....

3. Ci conviene rimandare ogni impegno. -

   - ....

4. Ci conviene sentire un esperto. -

   - ....

È bene pensarci un po'. -

- **Non ti pare che sia** bene pensarci un po'?

5. È bene pensarci un po'. -

   - ....

6. È meglio partire presto. -

   - ....

7. È opportuno avere un po' di pazienza. -

   - ....

8. È conveniente uscire adesso. -

   - ....

Esercizio n. 367

Stimolo: - La nostra richiesta è stata respinta.
Risposta: - Respinta? **Non ci posso credere.**

1. La nostra richiesta è stata respinta. -

- ....

2. Lorenzo ha vinto il primo premio. -

- ....

3. Fausto andrà da Perugia ad Assisi a piedi. -

- ....

4. La signora del terzo piano ha solo trent'anni. -

- ....

Emilio parla bene sette lingue. -

- Sette lingue? **Ma cosa mi racconti!**

5. Emilio parla bene sette lingue. -

- ....

6. Martin ha imparato l'italiano in un mese. -

- ....

7. La ditta è fallita. -

- ....

8. Questo accordo è impossibile. -

- ....

VENTOTTESIMO PERCORSO OPERATIVO

- **Modi indefiniti:**
- **Participio presente e passato**
- **Infinito presente e passato**
- **Gerundio presente e passato**

Esercizio n. 368

Stimolo: - Lui insegna. È molto bravo.
Risposta: - È un bravo **insegnante.**

1. Lui insegna. È molto bravo. -

   - ....

2. Lui canta. È molto bravo. -

   - ....

3. Lui conduce l'autobus. È molto bravo. -

   - ....

4. Lui commercia. È molto bravo. -

   - ....

5. Lui dirige la sua azienda. È molto bravo. -

- ....

6. Lui assiste il suo professore. È molto bravo. -

- ....

Esercizio n. 369

Stimolo: - È una donna **che affascina**.
Risposta: - È una donna **affascinante**.

1. È una donna che affascina. -

- ....

2. È una notizia che consola. -

- ....

3. È una parola che rassicura. -

- ....

4. È una situazione che deprime. -

- ....

5. È un caso che allarma. -

- ....

6. È uno spettacolo che diverte. -

- ....

Esercizio n. 370

Stimolo: - Gli studenti **che mancano** oggi, non potranno fare l'esame.
Risposta: - Gli studenti **mancanti** oggi, non potranno fare l'esame.

1. Gli studenti che mancano oggi, non potranno fare l'esame. -

- ....

2. I giovani che frequentano l'Università debbono impegnarsi. -

- ....

240

3. I ragazzi che aspirano al posto di lavoro debbono presentarsi domani. -

- ....

4. Sono bambini che somigliano ai nonni. -

- ....

5. Questi sono i giovani che partecipano al concorso. -

- ....

6. Sono uomini che credono in Dio. -

- ....

Esercizio n. 371

Stimolo: - Ti diverte **la lettura** di un buon libro?
Risposta: - Sì, **leggere** un buon libro mi diverte.

1. Ti diverte la lettura di un buon libro? -

- ....

2. Ti diverte il gioco delle carte? -

- ....

3. Ti appassiona l'insegnamento della storia? -

- ....

4. Ti interessa l'acquisto di un appartamento? -

- ....

5. Ti piace la conversazione con gli amici? -

- ....

6. Ti affatica lo studio della chimica? -

- ....

Esercizio n. 372

Stimolo: - So di **sbagliare** spesso.
Risposta: - So di **avere sbagliato** spesso.

1. So di sbagliare spesso. -

- ....

2. Credo di capire la situazione. -

- ....

3. Spero di fare bene. -

- ....

4. Sostengo di agire giustamente. -

- ....

5. Ho paura di far male. -

- ....

6. Temo di non capire il tuo punto di vista. -

- ....

Esercizio n. 373

> *Stimolo:* - Mi dispiace di **partire** senza salutarli.
> *Risposta:* - Mi dispiace di **essere partita** senza salutarli.

1. Mi dispiace di partire senza salutarli. -

- ....

2. Sono contento di uscire con Maria. -

- ....

3. Sono lieta di trasferirmi qui. -

- ....

4. Paolo si pente di intervenire a sproposito. -

- ....

5. Maria sa di comportarsi onestamente. -

- ....

6. Siamo contenti di iscriverci a questo corso. -

- ....

Esercizio n. 374

Stimolo: - Dopo che ebbi mangiato, presi un digestivo.
Risposta: - Dopo **aver mangiato**, presi un digestivo.

1. Dopo che ebbi mangiato, presi un digestivo. -
   - ....
2. Dopo che ebbi bevuto, mi prese un forte mal di testa. -
   - ....
3. Dopo che ebbi lavorato, mi sentii soddisfatto. -
   - ....
4. Dopo che ebbi scritto, mi riposai a lungo. -
   - ....
5. Dopo che ebbi cenato, andai a teatro. -
   - ....
6. Dopo che ebbi riflettuto, lo mandai a chiamare. -
   - ....

Esercizio n. 375

Stimolo: - Prenderò lo stipendo e poi farò molte spese.
Risposta: - **Dopo aver preso** lo stipendio, farò molte spese.

1. Prenderò lo stipendio e poi farò molte spese. -
   - ....
2. Ho sistemato ogni cosa e quindi sono partito. -
   - ....
3. Preparai con cura il programma e poi andai a fare l'esame. -
   - ....
4. Ho guardato la TV e poi ho scritto alcune lettere. -
   - ....
5. Accompagno i ragazzi a scuola e poi mi reco in ufficio. -
   - ....

6. Abbiamo chiesto un prestito in banca e poi abbiamo acquistato un appartamento. -

- ....

Esercizio n. 376

Stimolo: - **Se canti**, ti passa la malinconia.
Risposta: - **Cantando**, ti passa la malinconia.

---

1. Se canti, ti passa la malinconia. -

- ....

2. Se guardi bene, puoi vederlo. -

- ....

3. Se parli così, mi commuovi. -

- ....

4. Se studi molto, puoi essere promosso. -

- ....

5. Se fai attenzione, puoi capirlo. -

- ....

6. Se ascolti gli altri, puoi imparare molte cose. -

- ....

Esercizio n. 377

Stimolo: - **Quando guardo** la TV, fumo molto.
Risposta: - **Guardando** la TV, fumo molto.

---

1. Quando guardo la TV, fumo molto. -

- ....

2. Quando faccio colazione, ascolto la radio. -

- ....

3. Quando mi vesto, canto. -

- ....

244

4. Quando lavoro, dimentico i miei problemi. -

- ....

5. Quando sto in vacanza, leggo molto. -

- ....

6. Quando ci ripenso, mi prende un po' di tristezza. -

- ....

Esercizio n. 378

Stimolo: - Ieri sera, **mentre tornavo** a casa, ho incontrato Gianni.
Risposta: - Ieri sera, **tornando** a casa, ho incontrato Gianni.

1. Ieri sera, mentre tornavo a casa, ho incontrato Gianni. -

- ....

2. L'anno scorso, mentre preparavo la tesi, aiutavo mio padre in officina. -

- ....

3. Ieri mattina, mentre uscivo di casa, ho visto passare la tua amica. -

- ....

4. Domenica scorsa, mentre passeggiavo in campagna, ho notato uno strano animale. -

- ....

5. Il mese passato, mentre ritornavo dal mare, ho avuto un brutto incidente. -

- ....

6. Stamattina, mentre scrivevo, sentivo lontano gli spari dei cacciatori. -

- ....

Esercizio n. 379

Stimolo: - **Avendo** da fare, non uscirò.
Risposta: - **Poiché ho** da fare, non uscirò.

1. Avendo da fare, non uscirò. -

- ....

2. Non avendo la macchina, verrò a piedi. -

- ....

3. Essendo malato, rimarrò assente per qualche giorno. -

   - ....

4. Avendo torto, non parlerò più. -

   - ....

5. Desiderando vedere qualcuno, telefonerò agli amici. -

   - ....

6. Non essendo ancora preparato, non andrò a dare l'esame. -

   - ....

Esercizio n. 380

Stimolo: - Il bambino, **poiché aveva disubbidito,** è stato punito dalla mammna.
Risposta: - Il bambino, **avendo disubbidito,** è stato punito dalla mamma.

1. Il bambino, poiché aveva disubbidito, è stato punito dalla mamma. -

   - ....

2. Il ragazzo, poiché aveva finito i compiti, è andato in palestra. -

   - ....

3. La mamma, poiché aveva perso il portafogli, non ha potuto fare la spesa. -

   - ....

4. La comitiva, poiché aveva camminato per molte ore, ha deciso di fare una sosta. -

   - ....

5. Giovanna, poiché aveva dimenticato l'ombrello, è rientrata bagnata fradicia. -

   - ....

6. Grazia, poiché aveva mangiato moltissimo, ha avuto un mal di stomaco. -

   - ....

246

Esercizio n. 381

Stimolo: - **Dopo che fummo tornati** a casa stanchi morti, ci mettemmo subito a letto.
Risposta: - **Tornati** a casa stanchi morti, ci mettemmo subito a letto.

1. Dopo che fummo tornati a casa stanchi morti, ci mettemmo subito a letto. -

  - ....

2. Dopo che fummo arrivati in albergo, aprimmo subito le valigie. -

  - ....

3. Dopo che fummo usciti di casa, ci separammo. -

  - ....

4. Dopo che fummo rientrati, ascoltammo le ultime notizie. -

  - ....

5. Dopo che fummo saliti in cima alla torre, vedemmo uno spettacolo magnifico. -

  - ....

6. Dopo che fummo scesi dall'aereo, telefonammo subito ai genitori. -

Esercizio n. 382

Stimolo: - **Dopo aver letto** i giornali, sono andata a riposare.
Risposta: - **Letti** i giornali, sono andata a riposare.

1. Dopo aver letto i giornali, sono andata a riposare. -

  - ....

2. Dopo aver salutato gli amici, sono rientrato a casa. -

  - ....

3. Dopo aver accompagnato a scuola i ragazzi, mi diressi in ufficio. -

  - ....

4. Dopo aver preso un'aspirina, mi addormentai. -

  - ....

5. Dopo aver superato gli esami, partirò per la montagna. -

  - ....

6. Dopo aver finito il lavoro, di solito vado in piscina. -

  - ....

io — noi
tu — voi

lei, lui — loro
Lei — Loro

Finito di stampare
nel mese di gennaio 1991
da Guerra guru - Perugia